L'ENVIE

FRÉDÉRIK BASTIEN

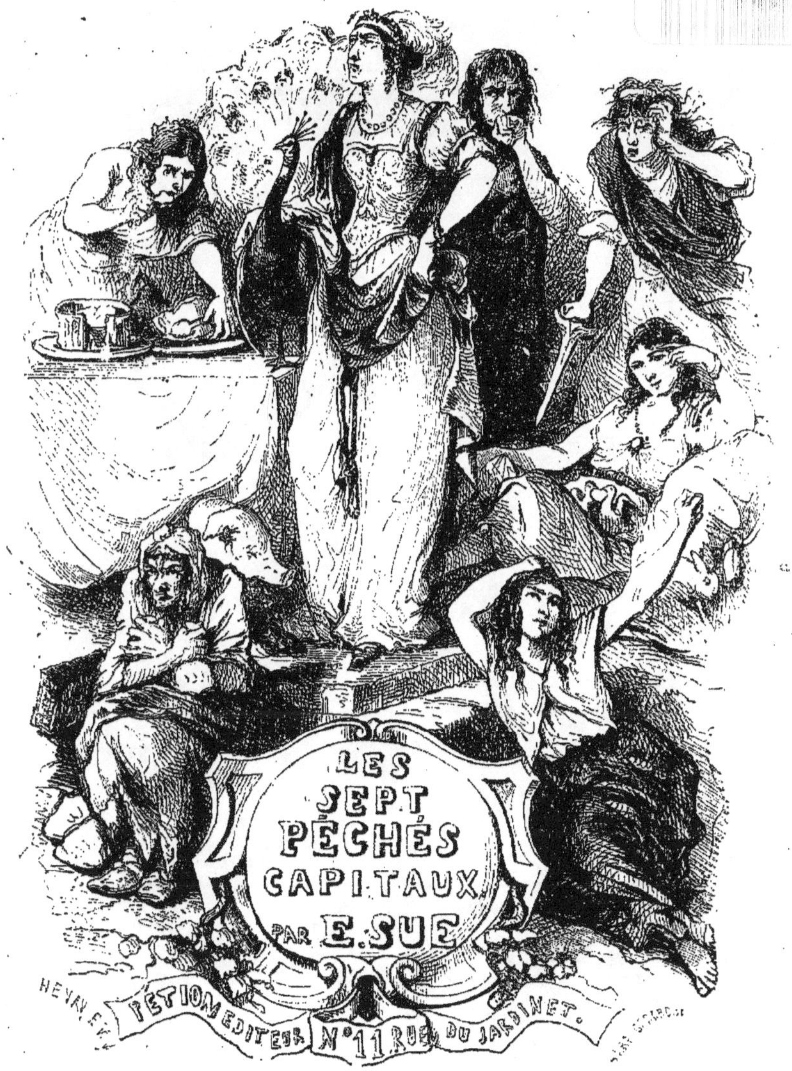
LES
SEPT
PÉCHÉS
CAPITAUX
PAR E. SUE
PÉTION EDITEUR N°11 RUE DU JARDINET.

LES

SEPT PÉCHÉS CAPITAUX

—

2ᵉ partie.

L'ENVIE

II

SOUS-PRESSE :

LA COLÈRE — LA LUXURE — LA PARESSE
L'AVARICE — LA GOURMANDISE

CORBEIL, imprimerie de CRÉTÉ.

L'ENVIE

FRÉDÉRIK BASTIEN

I

—Mais va, ma fille, nous n'aurons pas cette aubaine, et pour en revenir à mon histoire de coups de bâton, je te dirai qu'après la bastonnade, mon fils et moi nous remontons en voiture, pendant que notre courrier et nos deux valets de chambre tenaient en respect ce mauvais homme de la bande noire, et puis, fouette, postillon... Les six chevaux de notre berline repartent comme le vent... et ni vu, ni connu... le charabia.

— Se battre... avec M. le marquis, — dit Zerbinette, rassurée par le courage de sa maîtresse, — il n'était pas dégoûté, ce bourgeois.

— Ainsi pour en revenir à notre ermitesse de la bicoque... son honnête mari est donc de la même et abominable séquelle que l'homme aux coups de bâton ?

— Oui, madame... mais on ne le voit presque jamais... il est toujours voyageant... de ci... de là...

— Ah !... il n'est jamais chez lui ?... mais sais-tu, Zerbinette, c'est que ça se trouverait joliment bien, ça! — reprit la douairière en réfléchissant.

Puis elle ajouta :

— Dis-moi, ma fille... est-ce que c'est vrai qu'elle est jolie... cette petite? Comment l'appelles-tu?

— Bastien...

— Cette petite Bastien?

— Belle comme le jour, madame... Tenez, vous vous rappelez madame la maréchale de Rubempré?

— Oui... et cette petite...

— Est aussi belle... si ce n'est plus...

— Et ça a de la taille?...

— Une taille de nymphe...

—C'est bien ce que Raoul m'a rabâché quand il l'a eu rencontrée dans les champs... Mais qu'est-ce que c'est qu'un grand dadais de garçon, jaune comme un coing, qui était avec elle? A ce que m'a dit Raoul, quelque flandrin de frère, probablement? Alors pour qu'il ne gêne point (et la marquise prit son tabac) on pourrait vous fourrer ça au château dans les bureaux de l'intendant avec douze ou quinze cents livres de gages.

— Ah!... pour le coup, madame!... — s'écria Zerbinette, en se levant, très-effrayée et regardant du côté de la caverne avec épouvante, — on a remué... avez-vous entendu?

— Oui, j'ai entendu, — répondit l'intrépide douairière, — eh bien, après?

— Ah! madame... venez, sauvons-nous vite!...

— Laisse-moi donc tranquille.

— Mais, mon Dieu! madame... ce bruit?...

— Et... et, — reprit la marquise en riant, — c'est probablement l'âme de ce pauvre président, qui revient compter 1, 2, 3, 4, etc. Allons, rassieds-toi là et ne m'interromps plus, ou sinon...

— Ah! madame... vous êtes toujours un vrai dragon pour le courage.

— Pardi! beau courage, quelque bête de nuit, quelque orfraie qui est à voleter dans ce trou...

— Enfin, madame... ça n'est pas rassurant.

— Voyons, réponds-moi, qu'est-ce que c'est que ce flandrin de garçon, que Raoul a ren-

contré avec cette petite Bastien? c'est un frère?
hein?

— Non, madame... c'est son fils!

— Allons donc, son fils; mais alors...

— Elle s'est mariée très-jeune, et elle est si admirablement conservée, qu'elle ne paraît pas avoir plus de vingt ans, madame...

— C'est ça, Raoul y a été pris, car il m'a dit : — grand'mère, figure-toi des yeux bleus longs de ça, une taille à tenir entre les dix doigts, une figure de camée... et vingt à vingt-deux ans au plus... Seulement, — a ajouté ce cher enfant, — elles sont si peu habituées aux gens de bonne compagnie, ces bourgeoises, que celle-là a ouvert ses grands yeux tout grands ayant l'air de me regarder comme un phénomène, parce que je lui rapportais poliment son mantelet que j'avais ramassé. — Mais, innocent, — ai-je dit à Raoul, — puisqu'elle était si jolie, cette petite, et qu'elle te regardait avec de si grands yeux, au lieu de lui rendre son mantelet, il fallait le garder et aller le lui reporter chez elle... ça t'aurait fait entrée... de jeu. — Mais, grand'mère, — m'a riposté ce cher enfant avec tout plein de bon sens : — Ce n'est qu'en lui rapportant son mantelet que j'ai vu qu'elle était si jolie.

— C'est égal, madame, M. Raoul aurait pu retourner chez la petite Bastien deux ou trois jours après... elle aurait été ravie de recevoir

M. le marquis, quand ça n'eût été que pour faire crever de rage toute la *bourgeoiserie* du pays...

— C'est ce que je lui ai dit, à ce cher enfant... Mais il n'a pas osé.

— Un peu de patience, madame... Il faudra bien qu'il ose...

— Dis donc, ma fille... — reprit la douairière, après un assez long silence et en aspirant lentement et d'un air méditatif sa prise de tabac d'Espagne, — sais-tu que, plus je songe à cette petite Bastien, plus je trouve que, pour toutes sortes de raisons, ça serait charmant pour ce cher enfant, et que si ça se pouvait, ça serait une fameuse trouvaille?

— J'allais vous le dire, madame.

—Aussi, ma foi, faut-il battre le fer pendant qu'il est chaud,—répondit la douairière, après de nouvelles réflexions. — Quelle heure est-il, Zerbinette?

—Quatre heures et demie, madame, — répondit la suivante, en regardant à sa montre.

—Très-bien... nous aurons le temps. Ce matin quand il est parti pour aller passer la journée à Boncour, chez les Mérinville, j'ai promis à Raoul d'aller au-devant de lui par l'étang des

Loges... sur les cinq heures; allons, Zerbinette... en route, je veux tout de suite chapitrer Raoul à l'endroit de cette petite Bastien.

— Mais, madame, vous oubliez que M. Raoul a renvoyé son palefrenier pour vous dire qu'en partant de Boncour il irait faire une visite au Montel et qu'il ne reviendrait au château que sur les sept heures pour dîner.

— Tiens... c'est, ma foi, vrai, ma fille, je n'y pensais plus... car sa route à ce cher enfant pour revenir du Montel est par la cavée de la Vieille-Coupe... J'aurais une peur de loup dans la descente... car je suis devenue poltronne en voiture, et puis d'ailleurs, il n'est que quatre heures et demie... il faudrait aller trop loin au-devant de mon petit-fils... je le *sermonnerai* aussi bien ce soir au sujet de l'ermitesse...

— Et puis, madame, le soleil baisse et le froid du soir vous est mauvais.

— Allons, Zerbinette... ton bras... Mais laisse-moi donc encore une fois la regarder, c'te pauvre roche du Grand-Sire.

— Oui, madame; mais, pour Dieu, n'approchez pas trop près.

Malgré la recommandation de Zerbinette, la marquise s'avança, et, jetant un regard presque mélancolique sur ce site sauvage, elle dit:

— Ah! les roches... ça ne change pas... La voilà bien comme il y a soixante et tant d'années...

Puis, après un moment de silence, et s'adressant gaiement à Zerbinette, qui se tenait prudemment à l'écart, la marquise ajouta:

— Dis donc, ma fille?

— Madame...

— Cette bonne histoire de l'orfraie m'a mise en goût de me souvenir. J'crais ben que ça m'amuserait de griffonner comme qui dirait nos mémoires... (1).

(1) Peut-être donnerons-nous un jour à nos lecteurs le *Don Juan féminin* ou *Mémoires de la marquise de Pont-Brillant.*

— Ah! madame, la bonne idée!

— Ça servirait à l'instruction de mon petit-fils, — ajouta la douairière en riant aux éclats, — hilarité que partagea Zerbinette.

Pendant quelques moments encore l'on entendit, au milieu du silence de la forêt, le bruit du rire chevrotant des deux octogénaires.

Lorsque le bruit eut cessé tout à fait, Frédérik, livide, effrayant, sortit des ténèbres de la grotte où il était caché, et d'où il avait entendu l'entretien de la marquise douairière de Pont-Brillant et de Zerbinette.

II

Frédérik, jusqu'alors pur et chaste, élevé sous l'œil maternel, avait plutôt pressenti que compris les odieux projets de la douairière et de sa suivante au sujet de madame Bastien, qu'elles voulaient, dans leur naïf cynisme, donner, si cela se pouvait, pour maîtresse à Raoul de Pont-Brillant; en effet, à leurs yeux, c'était *une fameuse trouvaille,* comme avait dit la marquise, que cette charmante et honnête bourgeoise, qui demeurait à proximité du château, dont le mari était presque toujours absent, sans compter que l'on pourrait, pour qu'il *ne fût point gênant,* placer le fils de la jeune femme dans les bureaux de l'intendant du château avec quelques bons gages.

L'impression que cet entretien laissait à Frédérik, était donc la conviction plus instinctive que raisonnée, qu'il s'agissait d'un dessein infâme, dont sa mère se trouvait l'objet, et que, le soir même, le jeune marquis, devant avoir connaissance de ce projet, s'en rendrait nécessairement complice, pensait le fils de madame Bastien.

A ces nouveaux et redoutables sentiments, se

joignait, chez l'adolescent, le souvenir de cet homme exerçant la même profession que son père à lui Frédérik, et qui, *bâtonné* par le jeune marquis, avait été dédaigneusement repoussé, lorsqu'il avait demandé une réparation par les armes.

— Il en serait ainsi de moi, — se dit Frédérik avec un sourire farouche, — Raoul de Pont-Brillant aura méprisé ma provocation... à moins qu'il ne soit parti ce matin avant de l'avoir reçue... Heureusement la nuit approche... le marquis revient seul... et je connais la cavée de la *Vieille-Coupe*...

Et Frédérik, prenant son fusil, se dirigea rapidement vers une autre partie de la forêt.

La cavée de la Vieille-Coupe, route obligée de Raoul de Pont-Brillant, pour se rendre chez ui en revenant du château du Montel, était une sorte de chemin creux, profondément encaissé, aux revers très-élevés et plantés d'énormes sapins d'Ecosse, dont les cimes formaient au-dessus de la cavée un dôme si impénétrable, qu'en plein jour il y faisait très-sombre.

Ce soir-là, au moment où le soleil venait de disparaître, il régnait déjà dans ce ravin une grande obscurité; toute forme y paraissait indécise; deux hommes, se rencontrant face à face dans cet endroit, n'auraient pu de l'un à l'autre distinguer leurs traits.

Il était environ six heures du soir.

Raoul de Pont-Brillant, seul (il avait, on l'a dit, renvoyé son groom au château, pour avertir la marquise d'un changement de projets), Raoul entra au pas de son cheval dans la cavée, dont les ténèbres lui furent d'autant plus sensibles, qu'il venait de quitter une route encore éclairée des dernières lueurs crépusculaires.

Au bout de vingt pas, cependant, sa vue, déjà familiarisée avec les ténèbres, lui permit d'apercevoir vaguement devant lui une forme humaine, debout, immobile au milieu du chemin.

— Holà! hé! — cria-t-il, — rangez-vous donc... d'un côté ou de l'autre de la route.

— Un mot ! monsieur le marquis de Pont-Brillant, — dit une voix.

— Que voulez-vous ? — répondit Raoul en arrêtant son cheval et se penchant sur sa selle, afin de tâcher de reconnaître les traits de son interlocuteur ; mais ne pouvant y parvenir, il reprit :

— Qui êtes-vous ? Que voulez-vous ?...

— Monsieur de Pont-Brillant, — répondit la voix, — avez-vous, ce matin, reçu une lettre qui vous donnait rendez-vous à la roche du Grand-Sire ?

— Non... car j'ai quitté Pont-Brillant à huit

heures... Mais, encore une fois, qu'est-ce que tout cela signifie? Qui diable êtes-vous?

— Je suis celui qui vous a écrit la lettre de ce matin.

— Eh bien, mon ami, vous pouvez...

— Je ne suis pas votre ami, — interrompit la voix, — je suis votre ennemi.

— Vous dites? — s'écria Raoul avec surprise et une légère émotion.

— Je dis que je suis votre ennemi.

— Vraiment ! — reprit Raoul d'un ton

railleur, sa première surprise passée, car il était naturellement fort brave ; — ça devient amusant. Et comment vous nommez-vous, monsieur mon ennemi ?

— Peu vous importe mon nom...

— Soit. Eh bien donc, mon cher, pourquoi diable m'arrêtez-vous ainsi à la tombée de la nuit, au milieu de la route ?... Ah ! mais j'y pense, vous m'avez écrit ?

— Oui.

— Pour me dire... quoi ?

— Que vous seriez un lâche... si...

— Misérable !... — s'écria impérieusement Raoul en interrompant Frédérik et en poussant son cheval sur lui.

Mais le fils de madame Bastien, frappant le chanfrein du cheval avec le canon de son fusil, le força de s'arrêter.

Raoul, d'abord un peu effrayé, mais surtout impatient de savoir où en voulait venir l'inconnu, se calma et reprit avec un sang-froid railleur :

— Vous disiez donc... monsieur mon ennemi, que vous m'aviez fait l'honneur de m'écrire ?

— Oui, pour vous dire que, si vous n'étiez

pas un lâche, vous vous rendriez aujourd'hui à la roche du Grand-Sire, seul, avec votre fusil chargé à balles, comme je viendrais seul avec le mien.

Après un nouveau mouvement de surprise le marquis répondit :

— Et puis-je vous demander, mon cher, ce que nous aurions fait là, tous deux seuls, avec nos fusils?

— Nous nous serions placés à dix pas, et nous aurions fait feu l'un sur l'autre...

— Peste ! comme vous y allez! Et dans quel but nous serions-nous livrés à cette distraction innocente, monsieur mon ennemi?

— Je vous aurais tué... ou vous m'auriez tué...

— Probablement... à dix pas... ou nous aurions été bien maladroits; mais ce n'est pas le tout que de vouloir tuer les gens, mon cher, il faut au moins leur dire pourquoi.

— Je veux vous tuer... parce que je vous hais.

— Ah bah!

—Ne raillez pas, monsieur de Pont-Brillant, ne raillez pas...

— C'est difficile;... enfin... je vais tâcher.

Allons, c'est dit, vous me haïssez, et pour quelle raison?

— Mon nom vous importe aussi peu que le sujet de ma haine.

— Vous croyez?

— Je le crois.

— A la bonne heure... Je suis, comme vous le voyez, bon prince, assurément... C'est donc convenu,... vous me haïssez... eh bien, après?

— Vous me tuerez... ou je vous tuerai...

— Ah çà mais!... il paraît que... décidément... c'est une idée fixe?...

— Monsieur de Pont-Brillant, cette idée est tellement fixe, que je vais la mettre à exécution... à l'instant.

— Mon cher... ma grand'mère m'a promis de me conduire cette année au bal de l'Opéra pour la première fois... Eh bien, je suis sûr que je n'y serai pas aussi intrigué que je le suis par vous...

— Je vous disais, monsieur de Pont-Brillant, que nous allions nous battre à l'instant même.

— Ici... dans cette cavée?

— Ici...

— Sans y voir clair?

— Il n'y a pas besoin d'y voir clair.

— Et avec quoi, nous battre?

— Avec mon fusil.

— Un seul fusil?

— Oui.

— C'est curieux. Et comment cela? voyons, mon cher.

— Vous allez descendre de cheval.

— Et puis?...

— Vous ramasserez quelques cailloux du chemin...

— Des cailloux! — reprit Raoul en éclatant de rire, — comment, des cailloux! Ah çà! maintenant c'est donc à coups de pierres que nous allons nous battre? Au fait... c'est moins tragique que le fusil... c'est dans le goût du combat de David et de Goliath... Vous possédez donc des frondes, vous, mon cher? Mais le dommage est que nous n'y verrons goutte...

— Je vous disais, monsieur de Pont-Brillant que vous ramasseriez deux ou trois cailloux du chemin... vous les mettrez dans votre main fermée...

— J'y suis : pour jouer à pair ou non.

— L'obscurité n'empêche pas de compter les cailloux... le gagnant prendra le fusil... l'appuiera sur la poitrine de l'autre... et fera feu... Vous voyez bien, monsieur de Pont-Brillant, qu'il n'y a pas besoin de voir clair pour cela...

L'accent de Frédérik était si bref, si résolu, sa voix si altérée, que d'abord le marquis, sans pouvoir s'expliquer cette aventure étrange, l'avait regardée comme sérieuse ; puis, se rappelant un incident de la soirée qu'il avait passée la veille dans le salon de sa grand'mère, il partit d'un grand éclat de rire et s'écria :

— Ah! ma foi!... la plaisanterie est excellente, je comprends tout maintenant.

— Expliquez-vous, monsieur de Pont-Brillant.

— C'est bien simple. Hier soir, chez ma grand'mère, on contait des histoires de voleurs, d'attaques nocturnes... on en est venu à me plaisanter sur mon courage, j'ai répondu très-haut de ma bravoure, en un mot, j'ai fait un peu le *crâne;* or, ceci est une épreuve arrangée... pour m'essayer, car l'on savait qu'en revenant du Montel je prendrais nécessairement cette cavée; vous pouvez donc dire à ceux qui vous ont payé pour cela... que je me suis, je l'espère, assez galamment tiré de l'aventure, car, foi de gentilhomme, j'ai d'abord pris la chose au sérieux... Bonsoir, mon brave, laissez-moi passer, il se fait tard... et c'est à peine si j'aurai le temps d'arriver à Pont-Brillant pour m'habiller avant dîner…

— Monsieur de Pont-Brillant, ceci n'est pas une plaisanterie, ceci n'est pas une épreuve… Vous ne passerez pas et vous allez mettre pied à terre.

— Allons !… assez ! — dit impérieusement Raoul, — vous avez gagné votre argent, ôtez-vous de là… que je passe…

— Pied à terre ! monsieur de Pont-Brillant !… pied à terre !

— Eh bien donc, tant pis pour vous… si je vous marche sur le corps ! — s'écria Raoul.

Et il poussa son cheval en avant.

Mais Frédérik, se jetant à la bride de l'animal, lui donna une violente saccade qui le fit arrêter court sur ses jarrets.

— Tu oses toucher à mon cheval... gredin! — s'écria Raoul en levant sa cravache et frappant au hasard; mais elle siffla dans le vide.

— Ce coup de cravache... cet outrage, je le tiens pour reçu, monsieur de Pont-Brillant... Maintenant, vous seriez un misérable lâche, si vous ne mettiez pas pied à terre... à l'instant.

Le marquis avait dit vrai. D'abord confondu de l'aventure, il avait ensuite cru que c'était une épreuve dont il était l'objet ; mais en entendant la voix âpre et sourde de Frédérik qui palpitait de rage contenue, il revint à sa première pensée, et comprit que la rencontre était sérieuse.

Nous l'avons dit, Raoul était naturellement brave, déjà rompu au monde comme un homme de vingt-cinq ans et façonné, par l'exemple de sa grand'mère, à une hardie et insolente raillerie ; aussi, quoiqu'il lui fût impossible de deviner quel était l'inconnu et pourquoi cet inconnu le haïssait et le provoquait avec tant d'acharnement, Raoul répondit sérieusement cette fois et avec un bon sens et une fermeté précoces :

— Ecoutez-moi, vous dont je ne vois pas la

figure et qui cachez votre nom... vous m'avez insolemment provoqué, vous m'avez traité de lâche... j'ai voulu vous châtier comme on châtie un vagabond qui vous insulte au coin d'un bois... Malheureusement la nuit a égaré mes coups, mais l'intention vaut le fait. Tenez-vous donc pour châtié. Maintenant, si cela ne vous suffit pas, vous savez qui je suis : envoyez, demain, au château de Pont-Brillant, deux hommes honorables, si vous en connaissez...... ce dont je doute, d'après vos procédés... Ces personnes se mettront en rapport avec deux de mes amis, M. le vicomte de Marcilly et M. le duc de Morville ; vos témoins, s'ils sont acceptables, feront connaître aux miens votre nom d'abord, s'il vous plaît, et la cause de la provocation que vous m'avez, dites-vous, adressée ce matin. Ces messieurs décideront alors entre eux de ce qu'il y aura lieu de faire. Quant à moi, je serai prêt à me rendre à leur décision... Voilà comment les choses doivent se passer entre gens bien élevés. Mon cher, si vous l'ignorez, je vous l'apprends...

— Pas de mots... des faits, monsieur de Pont-Brillant, — dit Frédérik d'une voix haletante, — voulez-vous vous battre.. ici à l'instant, oui ou non?

— Encore votre duel aux petits cailloux et au fusil, — répondit Raoul en regardant autour de lui, et tâchant de percer l'obscurité comme pour bien reconnaître l'endroit où il se trouvait. — Ça devient fastidieux.

— Vous refusez?

— Pardieu! répondit Raoul qui, cherchant le moyen de mettre fin à cette rencontre, voulait gagner du temps et distraire l'attention de Frédérik, — j'ai dix-sept ans... j'aime la vie... j'adore les plaisirs... et j'irais, sans savoir pourquoi, risquer de me faire tuer la nuit comme un chien dans un chemin creux? Allons donc... parlez-moi d'un beau duel, au grand soleil, l'épée à la main... à la bonne heure... mais un guet-à-pens... et pour mon premier duel encore? Vous êtes fou.

— Monsieur de Pont-Brillant, vous êtes à cheval, je suis à pied, la nuit est noire, je ne peux vous frapper à la figure; mais l'intention vaut le fait. Vous l'avez dit; maintenant, vous battez-vous?..

— Venez me demander cela demain.....
chez moi au grand jour... je vous répondrai ou
je vous ferai jeter à la porte.

— Monsieur de Pont-Brillant, prenez garde.

— A quoi?

— Il faut que vous ou moi... restions ici...

— Ce sera donc vous... Et sur ce, bonsoir,
mon cher, — dit Raoul.

Et en disant ces mots, il enfonça soudain et
vigoureusement ses éperons dans le ventre de
son cheval qui fit un bond énorme en se portant en avant comme s'il eût franchi un obsta-

cle, et, de son poitrail, heurta si violemment Frédérik, qu'il l'envoya rouler à terre.

Lorsque le fils de madame Bastien, encore étourdi de sa chute, se releva, il entendit le galop du cheval de Raoul qui s'éloignait rapidement.

Après un premier moment de stupeur, Frédérik réfléchit, poussa un cri de joie féroce, ramassa son fusil, gravit en s'aidant du tronc des sapins un des revers de la cavée qui s'élevait presque à pic, et courant avec rapidité il s'enfonça dans la forêt, dont il connaissait tous les chemins et toutes les passées.

III

Pendant que les évènements précédents se passaient dans la forêt de Pont-Brillant, madame Bastien éprouvait d'horribles inquiétudes; fidèle à la promesse que la veille elle avait faite à Frédérik, elle attendit longtemps avant d'entrer dans la chambre de son fils ; le croyant endormi, elle espérait qu'il trouverait quelque calme dans ce repos réparateur ; aussi, jusque vers environ une heure de l'après-midi, la jeune mère resta dans sa chambre, qui communiquait à celle de Frédérik, prêtant de temps à autre une oreille attentive, afin de tâcher de savoir si son fils dormait d'un sommeil paisible.

Marguerite, la vieille servante, entra chez madame Bastien, pour lui demander quelques ordres.

— Parlez bas, et refermez bien doucement la porte, — lui dit Marie à mi-voix, — prenez garde d'éveiller mon fils...

— M. Frédérik, madame! — répondit Marguerite ébahie, — mais il est allé ce matin au point du jour chez le père André... avec son fusil.

Courir à la chambre de son fils et s'assurer de la vérité de l'assertion de sa servante... tel fut le premier mouvement de madame Bastien.

Frédérik en effet n'était plus là, et son fusil avait aussi disparu.

En rapprochant de cette dernière circonstance, la mystérieuse disparition de Frédérik, la malheureuse mère sentit ses alarmes arriver a leur comble.

Évidemment, pensait-elle, son fils avait voulu se dérober aux explications qu'elle pouvait lui demander dans son étonnement de lui voir son fusil à la main; et elle le savait trop accablé pour croire qu'il pût songer à la chasse.

Madame Bastien se rendit en hâte à la maison du père André, le jardinier chez qui on avait vu entrer Frédérik au point du jour; mais le jardinier était sorti depuis peu de temps.

Dans son ignorance du chemin qu'avait suivi son fils et de celui qu'il devait prendre à son retour, Marie se rendit à l'extrémité de la futaie, sur un petit tertre assez élevé, tâchant d'apercevoir au loin son fils dans la plaine au delà de laquelle commençait la forêt de Pont-Brillant.

Les heures s'écoulèrent, Frédérik ne parut pas.

L'on était, nous l'avons dit, dans les premiers jours de novembre.

Le soleil allait bientôt se coucher derrière de grandes masses de nuages brumeux, que de longues rayures rougeâtres séparaient du sombre horizon formé par la cime des bois déjà noyés d'ombre.

Madame Bastien, dont l'angoisse augmentait à mesure que le jour arrivait à sa fin, explorait en vain du regard les chemins sinueux et découverts qui serpentaient à travers les champs.

Soudain Marguerite, accourant vers la futaie, dit à sa maîtresse, du plus loin qu'elle l'aperçut :

— Madame... Madame... voici le père André à qui M. Frédérik a parlé ce matin.

— Où est André ?

— Madame... je l'ai vu de loin... sur la route... où je guettais de mon côté.

Sans en entendre davantage, madame Bastien courut vers le chemin par où s'avançait le vieux jardinier qui pliait sous le poids d'une énorme botte d'églantiers fraîchement arrachés.

Dès que madame Bastien fut à portée de voix du vieillard, elle s'écria :

— André... vous avez vu mon fils ce matin?... Que vous a-t-il dit? Où est-il?

Avant de répondre à ces questions précipitées, André se déchargea péniblement de son faisceau d'églantiers qu'il déposa par terre ; puis il répondit à sa maîtresse :

— En effet, madame... ce matin, au point du jour, M. Frédérik est venu me trouver... pour des balles.

— Pour des balles?

— Oui, madame... pour me demander si j'avais du plomb pour fondre des balles... de calibre pour son fusil.

— Ah! mon Dieu!... — s'écria madame Bastien toute tremblante, — des balles... pour son fusil ?

— Certainement, madame, et comme il me restait un bout de tuyau en plomb, j'ai fondu une demi-douzaine de balles pour M. Frédérik.

— Mais... — dit la jeune mère d'une voix altérée en s'efforçant de chasser une idée folle... horrible, qui lui traversa l'esprit; — ces balles... c'était... c'était donc pour la chasse ?...

— Bien sûr, madame... car M. Frédérik m'a dit que Jean-François, vous savez, le métayer de la Coudraie...

— Oui... oui, je sais... Ensuite ?

— Jean-François a donc conté hier à M. Frédérik que voilà deux nuits de suite qu'un des sangliers de la forêt vient retourner de fond en comble son champ de pommes de terre... et comme ce soir la lune se lève de bonne heure, M. Frédérik m'a dit qu'il irait se mettre à un affût que Jean-François connaissait... et qu'il tuerait le sanglier.

— Mais c'est d'une imprudence horrible ! — s'écria madame Bastien qui ne faisait que changer d'appréhensions, — Frédérik n'a jamais tiré de sanglier; s'il le manque, c'est jouer sa vie!

— N'ayez pas peur, madame, M. Frédérik est bon tireur, et...

— Mon fils est donc à cette heure à la métairie de la Coudraie? demanda madame Bastien en interrompant le jardinier.

— Faut le croire, madame, puisqu'il doit aller ce soir à l'affût avec le métayer.

Madame Bastien ne voulut pas en entendre davantage et s'éloigna précipitamment.

Le soleil baissait, déjà le disque rougeâtre de la lune, alors dans son plein, commençait de poindre à l'horizon...

La métairie de la Coudraie se trouvait à une demi-lieue; Marie s'y rendit en hâte, à travers champs, ne songeant pas, dans son inquiétude, à prendre même un châle et un chapeau.

A mesure que le soleil disparaissait, la lune, encore voilée par la brume du soir, s'élevait lentement au-dessus de la masse noire des grands bois, et jetait assez de clarté pour qu'on y vît presque autant qu'en plein jour.

Bientôt Marie aperçut à travers un taillis de *marsaules*, dont était entourée la métairie, une lumière annonçant que le fermier était de retour des champs.

Un quart d'heure après, la jeune mère, toute haletante de sa course précipitée, entrait chez le métayer.

A la lueur d'une *bourrée* qui brûlait dans l'âtre, Jean-François, sa femme et ses enfants, étaient assis autour de leur foyer.

— Jean-François, — dit vivement madame Bastien, — conduisez-moi vite, je vous en supplie, à l'endroit où est mon fils.

Puis, elle ajouta d'un ton de triste reproche :

— Comment avez-vous pu laisser un enfant de cet âge s'exposer à un pareil danger?... Mais enfin, venez, je vous en prie... venez... il doit être temps encore... d'empêcher cette horrible imprudence.

Le métayer et sa femme se regardèrent d'abord avec ébahissement, puis Jean-François reprit :

— Madame... excusez... mais je ne sais pas ce que vous voulez dire.

— Comment... vous ne vous êtes pas plaint hier à mon fils... de ce qu'un sanglier venait ravager votre champ depuis deux nuits?

— Oh! oh! les sangliers trouvent trop de glands en forêt cette année pour sortir si tôt... madame... et, Dieu merci! jusqu'à présent, ils ne nous ont point fait de ravage...

— Mais mon fils, vous ne l'avez donc pas engagé à venir tirer ce sanglier?

— Moi, madame? jamais, au grand jamais, je ne lui ai parlé de sanglier.

— Aujourd'hui, vous n'avez pas donné rendez-vous à mon fils?

— Non, madame...

A cette révélation, Marie resta un moment

muette, accablée d'épouvante; enfin elle murmura :

— Frédérik a menti à André... Mais alors... ces balles... ces balles... mon Dieu! pourquoi donc faire?...

Le métayer, s'apercevant de l'inquiétude de madame Bastien, se crut en mesure de la rassurer, et lui dit :

— Il est vrai, madame, que je n'ai pas parlé du sanglier à M. Frédérik; mais, si vous venez le chercher, je crois savoir où il est.

— Vous l'avez donc vu?

— Oui, madame.

— Où cela? quand cela?

— Madame sait bien la montée si rapide... qui est à un quart de lieue de la cavée de la Vieille-Coupe... en allant vers le château de Pont-Brillant, par la forêt?

— Oui... oui... ensuite...

— Eh bien ! madame... à la nuit fermée, mais claire encore, je revenais par cette montée, lorsqu'à vingt pas de moi... j'ai vu M. Frédérik sortir d'un fourré et traverser cette route en courant. Seulement... il s'est arrêté un moment au sommet de la montée... comme pour écouter dans la direction de la sortie de la cavée, et puis il a gagné le grand taillis qui borde la route de l'autre côté; même que c'est le brillant du fusil de M. Frédérik, qui me l'a fait remarquer à travers la nuitée... et je me suis dit : Tiens! voilà M. Frédérik avec son fusil, dans les bois de M. le marquis... c'est étonnant...

— Et y a-t-il longtemps de cela?

— Ma foi, Madame, il y a bien une demi-heure, car la lune ne faisait encore que de pointer.

— Jean-François, dit précipitamment la jeune mère, vous êtes un brave et digne homme... Je suis dans une inquiétude mortelle, il faut que vous me conduisiez à l'endroit où ce soir vous avez vu mon fils....

Après avoir regardé madame Bastien avec compassion, le métayer lui dit :

— Tenez... madame... je vois ce qui vous tourmente... et dame.... vous n'avez peut-être pas tort d'être inquiète...

— Achevez... achevez.

— Eh bien ! voilà le fin mot : vous craignez que M. Frédérik ne soit à l'affût, ce soir, dans le bois de M. le marquis, n'est-ce pas ? Moi ! je le crois comme vous, madame, et, franchement, il y a de quoi s'alarmer, car M. le marquis est aussi déchaîné contre les braconniers et aussi jaloux de son gibier que feu son père;... ses gardes sont méchants en diable.... et s'ils trouvaient M. Frédérik à l'affût, ma foi ça irait mal...

— Oui, c'est cela que je redoute, — reprit vivement madame Bastien, quoiqu'une appréhension tout autrement terrible, quoique vague encore, vînt l'assaillir. — Vous le voyez, Jean-François, — ajouta-t-elle d'un ton suppliant, — il n'y a pas un moment à perdre... il faut qu'à tout prix je ramène mon fils; venez... venez...

— Tout de suite, Madame, — dit avec empressement le métayer, et il se dirigea vers la porte. — Nous n'avons qu'à prendre le petit sentier dans les blés noirs, nous couperons au court, et nous serons, dans un quart d'heure, à la forêt...

— Merci de votre bonté, Jean-François, — dit madame Bastien avec émotion, — oh merci... Marchez... je vous suis ;... partons vite.

— Mais, notre homme, — dit la métayère à son mari au moment où il sortait, — en prenant la *sente*, il faudra traverser la tourbière... et cette chère madame qui est chaussée *fin* se mouillera terriblement et pourra *amasser* du mal.

— Jean-François, je vous en conjure, ne

perdons pas un instant, — dit madame Bastien.

Et, s'adressant à la métayère :

— Merci, bonne mère, je vous renverrai tout à l'heure votre mari.

IV

Lorsque Marie Bastien et son guide sortirent de la métairie, la lune, ayant dissipé la brume, brillait d'un vif éclat.

L'on apercevait à peu de distance les grandes masses noires des arbres de la forêt se découpant sur le sombre azur du ciel étoilé.

Le silence était profond.

Sur la terre durcie, l'on n'entendait que le bruit sonore et hâté des sabots de Jean-François.

Il se retourna bientôt et dit à la jeune femme en modérant sa marche :

— Pardon, Madame... je vas peut-être trop vite ?

— Trop vite ?... non, non, mon ami... vous n'irez jamais trop vite... Marchez... marchez, je peux vous suivre...

Et après un moment de silence, elle reprit en se parlant à elle-même :

— Ces balles... pourquoi faire? pourquoi ce mensonge? peut-être Jean-François dit-il vrai... Frédérik aura voulu aller à l'affût dans ces bois, et il se sera caché de moi... et pourtant, toute la journée d'hier il a été si sombre, si concentré, que je ne puis croire qu'il songe à la chasse... Depuis si longtemps il n'avait pas touché un fusil !..

Au bout de quelques instants de marche, s'adressant de nouveau à son guide :

— Quand vous avez vu mon fils, vous n'avez pas remarqué sa figure?

Et comme le métayer se retournait pour lui répondre, madame Bastien lui dit :

— Parlez-moi en marchant, ne perdons pas une minute.

— Dame ! de loin et à la nuitée, je n'ai pu remarquer la figure de M. Frédérik, madame...

— Sa démarche ne vous a pas paru brusque, agitée ?

— Je ne peux pas trop vous dire, madame ; il a traversé la montée en courant pour entrer dans le taillis, où il s'est sans doute mis à l'affût ; ça n'a pas duré longtemps...

— C'est vrai... je fais des questions folles, — se dit la jeune mère. — Comment cet homme aurait-il pu remarquer cela ?...

Elle reprit tout haut :

— Et ce taillis, où est entré mon fils... vous pourrez le reconnaître, Jean-François?

— Oh! très-facilement, madame : il est à dix toises en avant du poteau des *Quatre-Bras,* qui marque la grand'route du château.

— Mon Dieu, Jean-François... que le chemin est long!... Nous n'arriverons donc jamais?

— Encore... un demi-quart d'heure, Madame.

— Un demi-quart d'heure... mon Dieu...

— murmura la jeune mère. — Hélas!... il se passe tant de choses... en un demi-quart d'heure!

Marie et son guide continuèrent de s'avancer d'un pas précipité.

Plusieurs fois la jeune femme fut obligée d'appuyer ses deux mains contre sa poitrine pour comprimer la violence des battement de son cœur qu'augmentait encore cette course haletante.

Déjà l'on apercevait très-distinctement les arbres de la lisière de la forêt.

— Madame, — dit le métayer en s'arrêtant, — nous voici aux tourbières... prenez garde... il y a des meulières profondes... et dangereuses..... Voulez-vous que je vous aide?...

— Allez, allez, Jean-François; hâtez le pas, s'il est possible... ne vous occupez pas de moi.

Et, d'un pas rapide et sûr, Marie traversa de périlleuses fondrières où elle n'eût pas osé s'aventurer en plein jour.

Au bout de quelques minutes elle reprit :

— Jean-François, quelle heure peut-il être?

— D'après la lune... il ne doit pas être loin e sept heures... madame.

— Et une fois entrés dans la forêt... serons-nous loin du taillis?...

— A cent pas... au plus... madame.

— Vous entrerez dans ce taillis d'un côté, Jean-François, moi de l'autre, et nous appellerons Frédérik de toutes nos forces... S'il ne nous répond pas... — ajouta la jeune femme en frissonnant, — s'il ne nous répond pas... nous chercherons plus loin... car nous ne pouvons pas manquer de le trouver, n'est-ce pas, Jean-François?

— Certainement, madame; mais si vous m'en croyez, pour plus de prudence nous n'appellerons pas M. Frédérik.

— Pourquoi cela?

— Nous pourrions, voyez-vous, madame, donner l'éveil aux gardes de ronde... ils doivent être tous sur pied, car un clair de lune pareil semble fait exprès pour les *affûtiers*.

— Vous avez raison... nous chercherons mon fils... sans rien dire, — répondit Marie en tressaillant.

Puis, cachant sa figure dans ses mains pendant une seconde, comme si elle voulait échapper à une horrible vision, elle s'écria :

— Ah!... je deviendrai folle!...

Elle se remit à marcher sur les pas de son guide.

Soudain, prêtant l'oreille et s'arrêtant brusquement :

— Jean-François, avez-vous entendu ?...

— Oui... madame... c'est encore loin.

— Quel est ce bruit ?

— Ça vient par la sortie de la cavée... C'est le galop d'un cheval dans la forêt... C'est peut-être le garde-général de M. le marquis... Il inspecte sans doute si les gardes font leur tournée...

Le métayer, homme robuste, avait marché si vite, que lorsqu'il atteignit enfin la lisière de la forêt, il suait à grosses gouttes, tandis que Marie frissonnait ; il lui semblait que tout son sang refluait vers son cœur... et s'y glaçait...

— Maintenant, madame, nous allons prendre ce sentier sous bois, qui nous raccourcit de beaucoup... car il nous mène droit au poteau des Quatre-Bras... seulement garez votre figure avec vos mains, madame, faites bien attention, car, dans le fourré que nous allons traverser, il y a des houx terriblement forts et piquants.

En effet, à plusieurs reprises, les mains délicates de Marie, qu'elle étendait en avant, furent déchirées, ensanglantées par les pointes acérées des feuilles du houx...

Mais la jeune femme ne sentit rien.

— Ces balles, — se disait-elle, — pourquoi ces balles ?... oh! je ne veux pas y songer... je tomberais là... d'épouvante, et j'ai besoin de tout mon courage...

A ce moment le galop du cheval, que l'on avait entendu au loin, se rapprocha de plus en plus...

Puis il cessa soudain, comme si le cavalier se fût mis au pas pour gravir la rapide montée.

Le métayer et madame Bastien, sortant bientôt de l'épais fourré qu'ils venaient de traverser, se trouvèrent dans un large rond-point, au centre duquel se dressait un poteau, dont chacun des bras correspondait à d'immenses allées qui se prolongeaient à perte de vue, à travers la forêt; leur sol, alternativement coupé par les ombres noires des arbres et par les blanches clartés de la lune, offrait d'étranges contrastes de lumière et d'obscurité.

— C'est à vingt pas d'ici, au sommet de la montée, que j'ai vu entrer M. Frédérik, dans ce taillis qui borde la route, — dit le métayer, en indiquant à madame Bastien un fourré de jeunes chênes, — je vais prendre l'enceinte à revers... et nous ne pouvons manquer de rencontrer M. Frédérik, s'il est encore là... Dans le cas où je le retrouverais avant vous, je lui dirai que vous voulez qu'il abandonne tout de suite son *affût*,... n'est-ce pas, madame? — ajouta le métayer à voix basse.

Marie lui fit un signe de tête affirmatif, et entra dans l'enceinte avec une terrible angoisse, pendant que Jean-François s'éloignait.

L'on entendit alors résonner sur le pavé de la montée le pas d'un cheval.

Ce cavalier était Raoul de Pont-Brillant qui avait dû prendre cette route en sortant de la cavée de la Vieille-Coupe.

Frédérik, connaissant les détours de la forêt,

avait, en piquant droit à travers bois, devancé de beaucoup le jeune marquis, au passage de la montée, passage obligé pour regagner le château.

Raoul, prenant en gaieté les singuliers événements de la soirée, sifflait un air de chasse pendant que son cheval gravissait lentement la côte très-ardue en cet endroit.

Marie, dans une anxiété croissante, s'avançait toujours à travers le taillis.

Elle arriva bientôt à une grande clairière éclairée par la lune.

Au milieu de cet espace s'élevait un chêne immense ; une mousse épaisse et des détritus de feuilles, jonchant le sol, amortissaient le bruit des pas, la jeune femme put s'approcher sans avoir attiré l'attention de son fils, qu'elle aperçut à demi caché par l'énorme tronc du chêne.

Ce qui se passa ensuite fut si rapide, qu'il serait impossible de donner une idée de la soudaineté de cette péripétie ; il faut donc se résigner à raconter longuement un incident aussi prompt que la pensée.

Frédérik, profondément attentif et absorbé, n'avait ni vu, ni entendu s'approcher sa mère, dont la marche s'amortissait sur la mousse, tête nue, il appuyait un genou en terre, et tenait son fusil à demi abaissé, comme s'il n'eût plus attendu que le moment extrême d'épauler et de tirer.

Quoiqu'elle eût tâché de fuir cette idée, la malheureuse mère... avait, en accourant à la forêt, parfois tressailli d'épouvante, pensant à la possibilité d'un suicide... crainte horrible, éveillée dans son esprit par divers incidents des journées précédentes. Que l'on juge de la joie folle de madame Bastien, lorsque, à la posture de son fils, elle crut les soupçons du métayer justifiés, et qu'il s'agissait seulement d'un dangereux braconnage.

Aussitôt, dans un aveugle élan de bonheur, de tendresse, la jeune femme se jeta d'un bond sur son fils avec une sorte de frénésie, sans prononcer une parole.

Et cela, au moment même où Frédérik, abaissant son fusil, murmurait d'une voix sardonique et féroce :

— Tiens... Monsieur le Marquis !...

C'est qu'en effet, Frédérik venait de voir, à dix pas de lui, s'avancer, éclairé en plein par la lune, et découvert jusqu'à mi-corps, grâce à une éclaircie du taillis, Raoul de Pont-Brillant, montant toujours la côte au pas de son cheval... et continuant de siffler indolemment son air de chasse...

Le mouvement de madame Bastien avait été si soudain, si impétueux, que le fusil de son fils s'échappa de ses mains, au moment où il allait faire feu... et tomba sur la mousse...

— Ma mère !... — murmura Frédérik, pétrifié.

Cette péripétie, rapide comme la foudre, s'était passée presque en silence.

La sonorité des pas du cheval de Raoul de Pont-Brillant, et le son de l'air de chasse qu'il sifflait, avaient d'ailleurs, en partie, couvert le bruit causé par madame Bastien.

Cependant, le jeune marquis, s'arrêtant court au delà de l'éclaircie qui l'avait mis en évidence, discontinua de siffler, se pencha sur sa selle... et dit d'une voix ferme :

— Qui va là ?

Puis il prêta de nouveau l'oreille.

Marie, qui venait de découvrir le terrible mystère de la présence de son fils dans la forêt, mit sa main sur la bouche de Frédérik, en l'enveloppant de ses bras... et écouta... suspendant sa respiration.

Raoul de Pont-Brillant, ne recevant point de réponse, s'était dressé sur ses étriers, afin de voir de plus haut et de regarder du côté du gros chêne où il avait entendu un léger bruit.

Heureusement, l'ombre épaisse projetée par cet arbre énorme et la hauteur des taillis qui bordaient la route au delà de l'éclaircie, déjà dépassée par le jeune marquis, l'empêchèrent de rien apercevoir.

Ayant encore écouté pendant quelques secondes, et ne se doutant pas que son ennemi inconnu l'eût devancé à ce passage, Raoul remit son cheval au pas, et se dit :

— C'est quelque fauve qui aura bondi d'effroi... à travers le fourré...

Puis la mère et le fils, muets, immobiles, glacés d'épouvante, serrés l'un contre l'autre, entendirent le jeune homme recommencer à siffler son air de chasse.

Ce bruit s'affaiblit de plus en plus, et bientôt se perdit au loin dans le grand silence de la forêt.

V

Madame Bastien ne pouvait plus douter du projet de Frédérik...

Elle l'avait vu ajuster Raoul de Pont-Brillant, en disant :

— Tiens, Monsieur le marquis.

Ce guet-à-pens paraissait à la fois si lâche, si horrible, à la malheureuse femme, que, malgré l'évidence des faits, elle voulut encore douter de cette effrayante découverte.

Frédérik s'était brusquement relevé après le premier saisissement causé par la vue et par l'étreinte de sa mère; debout, les bras croisés sur sa poitrine, les yeux fixes et sombres, les traits couverts d'une pâleur livide, que la clarté bleuâtre de la lune faisait ressortir encore, il restait muet, immobile comme un spectre.

— Frédérik... — lui dit madame Bastien, dont les lèvres tremblaient si fort, qu'elle mettait une pause entre chaque parole, — que faisais-tu... là... mon enfant ?...

L'adolescent demeura silencieux.

— Tu ne me réponds pas ?... tes yeux sont fixes... hagards... Tiens, vois-tu?... mon pauvre enfant... la nuit dernière... je t'ai entendu... tu as été si agité... tu souffres tant depuis quelques jours, que tu auras été pris tout à coup d'un accès de fièvre chaude... d'une sorte de délire ;... et la preuve,... c'est que tu ne sais pas seulement comment il se fait que tu te trouves ici... Tu es... comme si tu t'éveillais d'un songe, n'est-ce pas, Frédérik ?

Madame Bastien, fermant volontairement les yeux, plutôt que d'envisager une réalité terrible, tâchait de se persuader que Frédérik ne jouissait pas de sa raison.

— Oui, je suis certaine, — reprit-elle, — que c'est à peine si tu as conscience de ce qui s'est passé depuis ton départ de la maison... n'est-ce pas ?... Tu ne me réponds rien... oh ! je comprends... ta pauvre tête est encore troublée... Reviens à toi, mon enfant... calme-toi... mon Dieu ! Tu ne me reconnais donc pas ?... C'est moi... ta mère...

— Je vous reconnais, ma mère...

— Enfin !

— J'ai toute ma raison...

— Ah !... oui, maintenant... Dieu merci ! mais pas tout à l'heure...

— Je l'ai toujours eue...

— Non... mon pauvre enfant, non.

— Je sais où je suis...

— Oui, à présent... tu te reconnais... mais pas tout à l'heure.

— Je vous dis, ma mère, que je sais pourquoi je suis venu ici... à dix pas du poteau des Quatre-Bras... me mettre à l'affût... avec des balles dans mon fusil.

— Ah !... bien ! c'est cela... alors, — dit l'infortunée, en feignant d'être rassurée. —

Jean-François le métayer ne s'était pas trompé, il me l'avait bien dit...

— Il avait bien dit... quoi ?

— Que tu venais te mettre à l'affût... car, à la nuit tombante, il t'avait vu entrer dans ce taillis avec ton fusil, et même il s'était dit : — Tiens ! voilà M. Frédérik, il va sans doute braconner dans les bois de Pont-Brillant. — Lorsque j'ai appris cela... juge de mon inquiétude... tout de suite je suis accourue... avec Jean-François... tu conçois... car... en vérité, tu es d'une imprudence folle... mon pauvre enfant... tu ne sais donc pas que les gardes de M. le marquis...

Ces mots de *M. le marquis* firent sortir

Frédérik de son calme effrayant; il serra les poings avec fureur, et s'écria, regardant sa mère en face avec une expression féroce :

— C'est à l'affût de... M. le marquis que j'étais... entendez-vous, ma mère ?

— Non, Frédérik, — répondit la malheureuse femme, en frissonnant de tout son corps, — non, je n'entends pas... et d'ailleurs est-ce que je comprends quelque chose... à vos termes de chasse... moi ?...

— Ah ! — fit Frédérik avec un affreux sourire, — je vais me faire comprendre : Eh bien ! sachant que *M. le marquis* devait passer par ici... ce soir... à la nuit tombante, j'ai mis des balles dans mon fusil, et je suis venu m'émbusquer derrière cet arbre pour tuer M. *le marquis* lorsqu'il passerait. Comprenez-vous, ma mère?

A ces épouvantables paroles, madame Bastien eut un moment de vertige, puis elle fut héroïque.

Appuyant une de ses mains charmantes sur l'épaule de son fils, elle lui posa son autre main sur le front en se disant d'une voix calme... très-calme... et feignant de se parler à elle-même :

— Comme sa pauvre tête est brûlante... il est encore dans le délire de la fièvre... Mon

Dieu ! mon Dieu ! comment le décider à me suivre ?

Frédérik, d'abord stupéfait du langage et de l'apparente tranquillité de sa mère, après le terrible aveu qu'il venait de lui faire dans l'exaspération de sa haine, s'écria :

— Je vous dis que j'ai toute ma raison, ma mère... c'est vous autant que moi que je veux venger ; et ma haine, voyez-vous, est...

— Oui... oui, mon enfant, je te crois. — dit madame Bastien, en l'interrompant, trop épouvantée pour remarquer les dernières paroles de Frédérik ; puis, le baisant au front, elle ajouta, de ce ton que l'on emploie lorsque l'on ne veut pas contredire les fous :

— Oui, certainement, tu as ta raison... aussi tu vas revenir avec moi ; il se fait tard, et il y a longtemps que nous sommes dans ces bois.

— La place est bonne, — dit Frédérik d'une voix sourde, — j'y reviendrai.

— Sans doute... nous reviendrons... mon enfant... mais, tu comprends,... il faut d'abord commencer par nous en aller... n'est-ce pas ?

—Mais, mère... ne me poussez pas à bout !...

— Tais-toi... oh ! tais-toi... — dit soudain Marie avec effroi en mettant une main sur la bouche de son fils et écoutant attentivement.

— Entends-tu? — reprit-elle, — on marche dans le taillis... Oh! mon Dieu! on vient!

Frédérik ramassa son fusil.

— Ah!... je sais, — reprit la jeune femme dont l'alarme cessa après un moment de réflexion ; — je sais, c'est Jean-François... il devait te chercher d'un côté, moi de l'autre...

Puis, appelant à demi-voix :

— Est-ce vous, Jean-François?

— Oui... madame Bastien, — répondit le métayer que l'on ne voyait pas encore, mais que l'on entendait venir en écartant les branchages ; — je n'ai pas trouvé M. Frédérik.

— Rassurez-vous, mon fils est là... Jean-François.

— Ah !... tant mieux, madame Bastien, — dit le métayer, car je viens d'entendre parler là-bas... du côté de l'étang... pour sûr, c'est une ronde des gardes de M. le marquis.

Ce disant, le métayer parut dans la clairière.

Frédérik, malgré l'audace de sa haine, n'osa pas, en présence d'un étranger, répéter les menaces qu'il avait proférées devant sa mère ; il mit son fusil sous son bras, et, toujours sombre, silencieux, il se disposa à suivre madame Bastien.

— Allons, allons, monsieur Frédérik, — dit le métayer, — il ne faut pas tenter le diable; les gardes de M. le marquis approchent; vous êtes dans un fourré... votre fusil à la main; il fait un clair de lune superbe pour les braconniers... c'est assez pour qu'on vous déclare procès-verbal...

Puis, s'adressant à madame Bastien :

— Je vas marcher devant madame, je connais une petite *sente* qui nous conduira droit et vite hors de ce taillis et du côté opposé à celui où l'on entend les gardes.

Les forces de Marie étaient à bout; elle s'appuya sur le bras de son fils qui, toujours concentré, ne lui adressa pas une parole...

A son arrivée chez le métayer, la jeune mère, pâle, affaiblie, frissonnait de tous ses membres; Jean-François voulut absolument atteler son cheval à sa charrette pour reconduire Marie et son fils; elle accepta cette offre, car, brisée par tant d'émotions, elle eût été incapable de faire de nouveau à pied le long trajet qui séparait la métairie de sa maison, où elle arriva avec son fils vers neuf heures du soir.

A peine de retour, Frédérik chancela, perdit connaissance et tomba bientôt dans une violente attaque nerveuse qui porta l'effroi de sa mère à son comble ; cependant, aidée de sa vieille servante, elle donna tous les soins possibles à son fils qui fut transporté dans sa chambre et mis au lit.

Durant cet accès spasmodique, et bien que ses yeux fussent fermés, Frédérik versa des larmes.

Revenu à lui et voyant sa mère penchée à son chevet, il lui tendit les bras et la serra longtemps contre lui, avec des sanglots déchirants. Puis, cette nouvelle crise passée, il dit se trouver plus calme et avoir surtout besoin de solitude et d'obscurité ; se tournant alors vers la ruelle de son lit, il ne prononça plus une parole...

Marie, avec une rare présence d'esprit, avait, lors de son retour et pendant l'évanouissement de Frédérik, donné l'ordre de clouer en dehors les contrevents de la chambre où il couchait; l'on n'entrait dans cette chambre que par la sienne à elle, où elle se proposait de veiller toute la nuit, en laissant entr'ouverte la porte de communication... elle n'avait donc pas à redouter jusqu'au lendemain quelque nouvel égarement de la part de son malheureux enfant.

Elle n'était pas de ces femmes que la douleur paralyse et frappe d'irrésolution ou d'impuissance. Si épouvantable que fût la découverte qu'elle venait de faire, une fois seule, elle l'envisagea résolûment, après avoir voulu se persuader un instant que son fils n'avait pas sa tête à lui en préméditant un crime exécrable.

— Je n'en puis douter, — se dit-elle, — Frédérik éprouve une haine implacable contre le jeune marquis de Pont-Brillant... Les ressentiments de cette haine, longtemps concentrée sans doute, sont cause du changement qui s'est opéré en lui depuis quelques mois. Cette haine est arrivée à ce point d'exaltation, que mon fils, après avoir tenté de tuer M. de Pont-Brillant, n'a peut-être pas renoncé à cette horrible pensée.

— Voilà les faits.

—Maintenant quelle circonstance mystérieuse a pu faire naître et développer chez mon fils cette rage contre un adolescent de son âge?

— Comment mon fils, élevé par moi et qui naguère me rendait la plus fière, la plus heureuse des mères, en est-il venu à concevoir l'idée... d'un tel crime?

Tout ceci est secondaire; je chercherai plus tard à résoudre ces questions qui confondent ma raison et me font douter de moi-même...

— Ce qu'il faut d'abord, et à l'instant, c'est arracher mon fils à d'horribles tentations, et l'empêcher matériellement de commettre un meurtre... Voilà ce qui est imminent.

Et après avoir été, sur la pointe du pied,

prêter l'oreille à la porte entr'ouverte de la chambre de Frédérik, qu'elle entendit pousser un gémissement douloureux, après quoi il retomba dans un morne silence, Marie se mit à sa table et écrivit la lettre suivante à son mari :

A Monsieur Bastien.

« Je vous ai déjà écrit, il y a quelques jours,
« mon ami, au sujet de la mauvaise santé de
« Frédérik et du départ de l'instituteur que
« vous m'aviez autorisé à prendre.

« L'état de mon fils s'aggrave, il me donne
« de sérieuses inquiétudes, il est urgent de
« prendre un parti décisif...

« Je suis allée avant-hier consulter encore

« notre ami le docteur Dufour. Il pense que
« l'âge et la croissance de Frédérik causent son
« état nerveux, inquiet, maladif; il m'a engagée
« à donner à cet enfant le plus possible de dis-
« tractions, ou, ce qui serait de beaucoup pré-
« férable, à le faire voyager.

« C'est à ce dernier parti que je m'arrête;
« dans la complète solitude où nous vivons, il
« me serait impossible de donner aucune dis-
« traction à Frédérik.

« Il n'est pas probable que vos affaires vous
« permettent de nous accompagner à Hyèr
« où je désire conduire mon fils; en tous cas,
« je partirai avec lui; Marguerite nous accom
« pagnera. Notre voyage durera cinq ou six

« mois, peut-être moins; cela dépendra de
« l'amélioration de la santé de Frédérik.

« Pour mille raisons trop longues à vous
« énumérer ici, j'ai fixé notre départ à *lundi*
« *prochain;* je serais partie demain, si j'avais
« eu l'argent nécessaire; mais j'ai employé,
« comme d'habitude, aux dépenses de la mai-
« son, la somme que votre correspondant m'a
« fait tenir pour cet usage, à la fin du mois
« dernier; et, vous le savez, sauf les cent cin-
« quante francs que vous me donnez men-
« suellement pour mon entretien et celui de
« Frédérik, je n'ai pas d'argent.

« J'envoie cette lettre *ce soir* à Blois par un
« exprès, ainsi elle gagnera six heures, vous

« la recevrez *après-demain matin; je vous
« conjure de me répondre courrier par cour-
« rier* et de m'envoyer un mandat sur votre
« banquier de Blois; je ne sais quelle somme
« vous fixer; vous connaissez la simplicité de
« mes habitudes, calculez ce qu'il faut pour
« nous rendre à Hyères avec Frédérik et Mar-
« guerite par la diligence; ajoutez à cela, les
« petites dépenses imprévues du voyage, et de
« quoi vivre à Hyères pendant les premiers
« temps de notre séjour; je m'établirai là le
« plus économiquement possible, je vous écri-
« rai ensuite combien nous aurons à dépen-
« ser par mois.

« Ordinairement la multiplicité de vos af-
« faires, sans doute, vous empêche de me ré-
« pondre, ou rend vos réponses très-tardives, il

« n'en sera pas ainsi de cette lettre... vous en
« comprendrez l'*excessive importance*.

« Je ne veux pas vous alarmer ; mais je dois
« vous le dire, l'état de Frédérik offre des symp-
« tômes d'une telle gravité, que ce *voyage peut*
« *être, et sera, je l'espère*... LE SALUT DE MON
« FILS.

« Je crois vous avoir donné, depuis bientôt
« dix-sept ans, assez de raisons de compter sur
« la solidité de mon caractère et sur la ten-
« dresse éclairée que je porte à Frédérik, pour
« être assurée d'avance que vous approuverez
« ce voyage, si soudain qu'il doit vous paraî-
« tre ; vous aiderez, n'est-ce pas, de tout votre
« pouvoir à une résolution dictée par la plus
« *impérieuse*, la plus *urgente nécessité*.

« Je laisserai ici le vieil André; il gardera
« la maison et fera votre service lorsque vous
« viendrez ; c'est un homme très-sûr, à qui je
« puis tout confier en mon absence...Ce voyage
« n'offre donc sous ce rapport aucun inconvé-
« nient.

« Adieu, je suis très-inquiète et très-triste.

« Je termine promptement cette lettre afin
« de l'envoyer ce soir même.

« *Lundi matin,* au reçu de votre réponse, je
« vous écrirai, je porterai moi-même la lettre
« à Blois; j'y serai vers deux heures, afin de
« recevoir de votre correspondant l'argent né-
« cessaire à notre voyage; je prendrai le soir

« même la voiture de Paris où nous ne resterons
« que vingt-quatre heures, pour de là gagner
« Lyon, et continuer notre route vers le Midi.

« Encore adieu.

« Marie Bastien. »

Ceci écrit, madame Bastien donna l'ordre d'atteler le cheval et d'aller aussitôt porter cette lettre à Blois.

Au retour l'on devait passer par Pont-Brillant et y laisser un billet que Marie écrivit au docteur Dufour, afin de le prier de venir le lendemain et pour l'instruire de la crise nerveuse dont Frédérik avait été atteint.

110   LES PÉCHÉS CAPITAUX.

Restée seule, et après s'être plusieurs fois assurée de l'état de son fils qui paraissait céder à une sorte d'assoupissement mêlé d'agitation, madame Bastien réfléchit encore à la détermination qu'elle venait de prendre au sujet de ce voyage soudain et le trouva de plus en plus opportun...

Elle se demanda seulement avec angoisse comment faire pour empêcher Frédérik de la quitter un seul moment jusqu'au jour de leur départ.

Minuit venait de sonner...

La jeune mère était plongée dans la plus navrante méditation lorsque, au milieu du profond silence de la nuit, il lui sembla d'abord entendre au loin le bruit du galop d'un cheval sur le chemin qui passait devant la ferme, puis, que ce cheval s'arrêtait à la porte de la maison.

Bientôt Marie n'eut plus de doute, l'on se mit à sonner violemment au dehors.

L'heure était si indue, que, s'imaginant que les gardes du marquis avaient connaissance du guet-à-apens tendu par Frédérik, et que l'on venait peut-être l'arrêter, madame Bastien se sentit saisie d'épouvante; terreur exagérée, terreur folle, mais, hélas! excusable, dans l'état d'esprit où se trouvait la pauvre jeune femme; aussi, lorsqu'elle eut entendu sonner, cédant à un mouvement machinal, elle courut fermer la porte de la chambre de son fils, en cacha la clef, et prêta de nouveau l'oreille avec une angoisse profonde.

Depuis quelques moments, un bruit insolite régnait dans la maison, l'on frappa à la porte de la chambre de madame Bastien.

— Qui est là? — demanda-t-elle.

— Moi... Marguerite, madame.

— Que me voulez-vous?..

— Madame... c'est M. le docteur Dufour, il vient d'arriver à cheval...

Marie respira et rougit de ses folles craintes.

Marguerite continua :

— M. le docteur voudrait parler à madame pour quelque chose de très-pressé, de très-important !

— Priez M. le docteur de m'attendre dans la bibliothèque... Faites-y tout de suite du feu, et mettez-y de la lumière.

— Oui, Madame.

Mais réfléchissant qu'ainsi elle s'éloignait de son fils, madame Bastien rappela vivement la servante et lui dit :

— Je recevrai M. Dufour ici, dans ma chambre ; priez-le de monter.

— Oui, madame...

— Le docteur ici... à une pareille heure? — se dit madame Bastien, profondément surprise, — que peut-il vouloir? il est impossible qu'il ait déjà reçu ma lettre.

Presque aussitôt le médecin entra chez madame Bastien, précédé de Marguerite qui se retira discrètement.

Les premiers mots de M. Dufour à la vue de Marie, furent :

— Ah!... mon Dieu!... qu'avez-vous !

— Moi, docteur?... mais rien...

— Rien!... — s'écria le médecin en regardant Marie avec une surprise douloureuse, car depuis la veille et surtout ensuite des terribles émotions de la soirée, les traits de la jeune femme avaient subi une altération profonde, saisissante. — Rien, répéta le docteur, — vous n'avez rien....

Madame Bastien, comprenant la pensée de M. Dufour à son accent et à l'expression de son visage, répondit avec une simplicité navrante :

— Ah... oui... je sais...

Portant alors un doigt à ses lèvres, elle ajouta à demi-voix en montrant du regard la porte de la chambre de Frédérik :

— Parlons tout bas... je vous en prie, cher docteur... mon fils est là... il dort, il a eu ce soir une cruelle crise... je viens de vous écrire ; je vous priais de venir demain... c'est le ciel qui vous envoie...

Remis de la pénible impression qu'il avait ressentie à la vue du changement des traits de madame Bastien, le docteur lui dit en baissant le ton de sa voix :

— Puisque je viens à propos, je n'aurai pas alors à vous prier d'excuser cette visite faite à une heure si avancée...

— Peu importe... mais de quoi s'agit-il donc?

— J'ai à vous entretenir de chose très-

graves, qui ne peuvent souffrir aucun retard...
C'est ce qui m'a forcé de venir chez vous,
presque au milieu de la nuit et au risque de
vous inquiéter.

— Mon Dieu, qu'y a-t-il donc?

— Votre fils dort... n'est-ce pas?

— Je le crois...

— Mais s'il ne dormait pas, pourrait-il nous entendre?

— Non... si nous nous rapprochons de la cheminée et que nous parlions bas.

— Rapprochons-nous donc de la cheminée et parlons bas, reprit M. Dufour, car il s'agit de lui.

— De Frédérik?

— De Frédérik, — répondit le docteur, en allant s'asseoir à côté de la cheminée, auprès de madame Bastien.

Et, en effet, grâce à l'éloignement et à l'épaisseur de la porte de sa chambre à coucher, Frédérik ne pouvait et ne put entendre un mot de l'entretien suivant.

VI

Ces mots du docteur Dufour : — *Je viens vous parler de Frédérik*, — étaient d'un si étrange à-propos, que Marie, sans trouver une parole, regarda le médecin avec une profonde surprise.

Il s'en aperçut et reprit :

— Oui, Madame,... je viens vous parler de votre fils...

— Et... à quel sujet?

—Au sujet... du changement moral et physique que vous remarquez en lui, et qui vous donne de si cruelles inquiétudes...

— Oui... oh! oui... bien cruelles...

— Il s'agirait... de le guérir peut-être...

— Vous!... mon bon docteur?

— Moi!... non.

— Que voulez-vous dire?...

Après un moment de silence, le docteur tira une lettre de sa poche, et la remettant à madame Bastien :

— Ayez d'abord la bonté de lire cette lettre... que j'ai reçue ce soir.

— Cette lettre ! et de qui est-elle ?

— Veuillez la lire...

Marie, de plus en plus étonnée, prit la lettre et lut ce qui suit:

« Mon cher Pierre, la diligence s'arrête du-

« rant une heure; je profite de cette occasion
« pour t'écrire en hâte.

« Après t'avoir quitté hier soir, le sujet de
« notre dernier entretien a occupé toute ma
« pensée, j'y comptais; ce que j'ai vu, ce que
« j'ai appris par ton récit, ne pouvait faire sur
« moi une impression éphémère...

« Cette nuit, ce matin encore, je n'ai donc
« songé qu'au pauvre enfant de madame Bas-
« tien. »

Marie, interrompant sa lecture, regarda le docteur avec un étonnement extrême et lui dit vivement :

— De qui est donc cette lettre ?

— De mon meilleur ami, d'un homme du caractère le plus généreux, du cœur le plus noble qu'il y ait au monde...

— Le titre de votre meilleur ami disait tout cela pour moi; mais comment donc sait-il?...

— Vous rappelez-vous... le jour de la Saint-Hubert, chez moi... cet étranger?...

— A qui mon fils a répondu si... durement!

— Oui...

— Et vous avez dit... à cette personne...

— Tout ce qu'il y avait... d'admirable dans

votre dévouement maternel... Oui, j'ai commis cette indiscrétion... je m'en accuse... Veuillez, je vous en prie, continuer la lecture de cette lettre.

Marie continua et relut ces mots avec une attention marquée :

« ... *Cette nuit, ce matin encore je n'ai
« donc songé qu'au pauvre enfant de madame
« Bastien.*

« Tu le sais, Pierre, physionomiste exercé
« par de nombreuses observations, j'ai été
« rarement trompé par les inductions carac-
« téristiques que je tirais de certaines physio-
« nomies.

« Aussi, en réfléchissant à mes remarques
« d'hier, à ce que j'ai vu, à ce qui est arrivé
« lors du passage de ce cortége de chasse, tout
« me donne la CONVICTION *que le fils de ma-*
« *dame Bastien est possédé d'une haine im-*
« *placable... contre le jeune marquis de Pont-*
« *Brillant.* »

Marie, stupéfaite de la vérité de cette observation, que la scène de la forêt venait encore confirmer, tressaillit; à ce souvenir, qui réveilla ses terreurs, cachant sa figure entre ses mains, elle ne put retenir un sanglot déchirant.

— Mon Dieu!... qu'avez-vous? — s'écria le docteur.

— Ah!... — reprit-elle en frissonnant, — cela n'est que trop vrai...

—C'est de la haine que ressent Frédérik?

— Oui... — reprit Marie d'une voix étouffée, — une haine implacable!

Puis, frappée de la pénétration de l'ami du docteur Dufour, madame Bastien continua de lire avec un intérêt croissant:

« Cette haine admise... je n'ai pas cherché
« à en découvrir la cause... Pour y parvenir, il
« faudrait être journellement avec ce pauvre
« enfant; alors à force de patience, d'étude,
« de sagacité, l'on saurait sans doute ce se-

« cret.... *découverte indispensable* à la guéri-
« son de Frédérik.

« A défaut de ce secret, je me suis demandé
« si cette haine devait être vivace, opiniâtre et
« avoir ainsi fatalement de dangereuses con-
« séquences, ou bien si ce n'était qu'un senti-
« ment passager?

« Un examen attentif de la physionomie de
« Frédérik, dont j'ai conservé le souvenir le
« plus précis, l'angle de son front, le contour
« de son menton, me donnent la conviction
« qu'il n'est pas de caractère plus résolu... plus
« tenace que celui du fils de madame Bastien;

« Cette conviction bien établie qu'une haine

« implacable est déjà profondément enracinée
« dans le cœur de Frédérik, je me suis de-
« mandé d'abord par quelle apparente contra-
« diction, élevé par une mère telle que la
« sienne, il pouvait être en proie à une si fu-
« neste passion? »

— Mais... mon Dieu! — dit vivement Marie, — quel est donc cet homme qui semble connaître mon fils, mieux peut-être que je ne le connais moi-même?... cet homme dont la pénétration... m'effraye... car elle a été encore plus loin... encore plus avant... que vous ne le pouvez penser...

— Cet homme, — répondit le docteur, avec mélancolie, — cet homme a beaucoup souffert, beaucoup vu et beaucoup observé... Là, est le secret de sa pénétration.

Madame Bastien se hâta de continuer sa lecture.

« Tu m'as dit, mon ami, que Frédérik était
« arrivé à ce que tu appelles *un âge de tran-*
« *sition,* époque de la vie, souvent critique et
« signalée par de graves perturbations phy-
« siques.

« Frédérik peut, en effet, être soumis à
« l'action de cette crise; s'il en est ainsi, le
« voici donc, par son état, inquiet, nerveux,
« impressionnable, très-prédisposé à éprou-
« ver des sentiments d'autant plus puissants,

« qu'ils sont nouveaux pour lui... et par cela
« même en dehors des prévisions de sa mère
« et de la salutaire influence qu'elle a jus-
« qu'ici exercée sur lui.

« En effet, comment l'affection et la pru-
« dence de madame Bastien pouvaient-elles le
« prémunir contre un danger que ni lui ni
« elle ne soupçonnaient? Non, non, pas plus
« que son fils, elle ne devait s'attendre à ce
« brusque envahissement d'une passion vio-
« lente et la conjurer à temps. Non, cette
« mère si éclairée n'a pas plus à se reprocher
« ce qui arrive aujourd'hui, qu'elle n'aurait eu
« de reproches à se faire, si son fils enfant
« avait été atteint de la rougeole, ou, adoles-
« cent, d'une maladie de croissance.

« Il en est ainsi de cette accusation que ma-
« dame Bastien porte contre elle-même :

« *J'ai failli en quelque chose à mes devoirs*
« *de mère, puisque je n'inspire pas à mon fils*
« *assez de confiance pour qu'il m'avoue ce*
« *qu'il ressent.*

« Eh ! mon Dieu... je suis certain qu'avant
« ces tristes événements jamais Frédérik
« n'avait manqué de confiance envers sa
« mère... »

— Oh ! jamais..., dit Marie en interrompant
sa lecture, jamais...

— Eh bien ! n'êtes-vous pas de l'avis de mon

ami, — demanda le docteur, — quant au peu de justice des reproches que vous vous adressez?

— Oui... — reprit madame Bastien pensive, — je ne ferai pas de fausse modestie avec vous, bon docteur, j'ai la conscience d'avoir rigoureusement accompli ma tâche de mère. Il ne m'était pas humainement possible... je le reconnais, d'empêcher ou de prévenir le malheur qui m'accable dans mon fils...

— Est-ce que cela pouvait faire l'ombre d'un doute?

— Un mot seulement, mon cher docteur, — reprit Marie après quelques instants de silence, — votre ami a vu Frédérik quelques instants à peine... mais, hélas! suffisamment pour s'entendre adresser de blessantes paroles... Qu'un esprit généreux n'ait qu'indulgence et compassion pour l'emportement d'un pauvre enfant malade... je le conçois, mais entre ce bienveillant pardon... que jamais je n'oublierai... et l'intérêt profond, réfléchi... que votre ami montre pour Frédérik... il y a un abîme... Cet intérêt... qui a donc pu... le mériter à mon fils?

— La fin de cette lettre vous le dira... Je puis cependant dès à présent vous mettre sur la voie... Mon ami a eu un frère... beaucoup plus jeune que lui et dont il a été uniquement chargé après la mort de leur père à tous deux... Mon ami aimait passionnément cet enfant...

c'était la seule affection de sa vie studieuse et solitaire. Ce jeune frère avait l'âge de Frédérik; comme lui il était beau, comme lui il était noblement doué... comme lui enfin il était idolâtré, non par une mère... mais par le plus tendre des frères.

— Et qu'est-il devenu? — demanda Marie avec intérêt en voyant les traits du docteur s'assombrir.

— Ce jeune frère... mon ami l'a perdu... voilà bientôt six ans.

— Ah! maintenant, je comprends, — s'écria Marie, — les belles âmes seules, loin de s'aigrir par la douleur, deviennent plus tendres, plus compatissantes encore.

— Vous dites vrai, — répondit le docteur avec émotion, — c'est une grande âme que celle de mon ami...

De plus en plus pensive, madame Bastien continua sa lecture :

« J'en suis presque certain, avant ces tristes
« circonstances, jamais Frédérik n'avait man-
« qué de confiance envers sa mère... parce
« qu'il n'avait rien de coupable à lui dissimu-
« ler; aussi, plus il se montre, à cette heure,
« impénétrable, plus on doit craindre que le
« secret qu'il cache ne soit fâcheux.

« Maintenant que la maladie nous est con-
« nue, ainsi que tu dirais, mon ami, quels sont
« les moyens, les chances de guérison ?

« Il faudrait, avant tout, *connaître la cause*
« *de la haine... de Frédérik...* remonter jus-
« qu'à la source de ce sentiment, pour le ta-
« rir, ou du moins pour en détourner le dan-
« gereux courant.

« Cet important secret, essayera-t-on de le
« pénétrer ?

« Essayera-t-on de l'obtenir par la con-
« fiance ?

« Hélas ! il en est souvent de la confiance et

« de la défiance, ou plutôt de la *non-con-*
« *fiance*, ainsi que de ces premières impres-
« sions d'où résultent des antipathies ou des
« sympathies invincibles.

« Frédérik aime tendrement sa mère, il est
« pourtant resté sourd à ses prières; il est donc
« presque certain, maintenant, que jamais il
« ne lui dira son funeste secret, soit par res-
« pect humain, soit pour ne pas compromet-
« tre le succès de sa vengeance... CONSÉQUENCE
« INÉVITABLE DE LA HAINE... lorsqu'elle est aussi
« opiniâtre, aussi énergique qu'elle paraît l'ê-
« tre chez Frédérik. »

En lisant ces mots, soulignés par Henri David, dans le but de leur donner une plus grave signification... ces mots, hélas! trop justifiés par la scène de la forêt, les mains de madame Bastien frissonnèrent... et elle continua sa lecture d'une voix altérée :

« Il est donc à peu près démontré que ma-
« dame Bastien doit renoncer à l'espoir d'ob-
« tenir, par la confiance, le secret de son fils.

« Emploiera-t-elle la pénétration?

« La pénétration?... Mélange de froide ob-
« servation... de dissimulation et de ruse... car,
« pour surprendre un secret obstinément ca-
« ché,... il faut employer mille moyens dé-
« tournés...

« Tristes moyens que leur but seul peut

« faire absoudre... Ainsi, tu ne crains pas, mon
« ami, d'employer quelquefois de violents poi-
« sons pour la guérison de tes malades.

« Eh bien! penses-tu qu'une femme péné-
« trée de sa dignité maternelle, veuille... et
« puisse s'abaisser à un pareil rôle?... ou plu-
« tôt... (une mère songe peu à sa dignité, lors-
« qu'il s'agit du salut de son enfant), crois-tu...
« qu'une femme comme madame Bastien ait,
« non la *volonté*, mais le *pouvoir* de jouer un
« rôle si complexe, si difficile, si contenu, un
« rôle qui exige tant de sang-froid, et, je le ré-
« pète, tant de dissimulation?

« Non, non, la pauvre mère... pâlirait, rou-
« girait, se trahirait à tout moment... et, mal-

« gré sa résolution, elle hésiterait à chaque pas
« tenté dans cette voie souterraine... en sa-
« chant même que cette voie peut aboutir au
« salut de son fils. »

Madame Bastien baissa la tête avec accablement... ses mains, qui tenaient la lettre, retom-
bèrent sur ses genoux... deux larmes coulèrent
lentement de ses yeux fixes, alors voilés par la
douleur... elle dit en soupirant

— Il n'est que trop vrai, je reconnais mon
impuissance !...

— Je vous en supplie... ne vous désolez pas
ainsi !... — s'écria le docteur ; — vous aurais-
je, mon Dieu ! apporté cette lettre... et d'ail-

leurs, mon ami l'eût-il écrite s'il n'avait cru trouver... et, en effet, trouvé, je l'espère, le moyen de remédier aux périls, aux difficultés qu'il vous signale? Achevez... achevez de lire, je vous en conjure...

Marie secoua tristement la tête et poursuivit :

« Voici maintenant, selon moi, les deux
« seuls partis à prendre par madame Bastien
« pour conjurer les maux dont elle s'alarme
« avec raison :

« Suivre et développer la sage pensée qu'elle
« avait eue de s'adjoindre un précepteur.

« Je m'explique : il s'agirait, selon moi, bien

« moins d'intéresser pour le moment Frédérik
« à de nouvelles études, que de lui enseigner
« des vérités pratiques ; car il arrive une époque
« où la tendresse maternelle la plus éclairée est
« insuffisante pour la direction d'un fils.

« Il faut la science *de la vie des hommes,*
« pour donner à un adolescent cette seconde
« éducation, cette éducation virile et forte qui
« l'arme contre ces rudes épreuves, contre
« ces dangereux entraînements, dont une
« femme ne peut avoir l'expérience, et des-
« quels il lui est donc bien difficile de sauve-
« garder son fils.

« Un père intelligent et tendre pourrait seul
« dignement accomplir cette tâche sacrée; mais

« puisqu'il paraît que les occupations de M. Bas-
« tien le retiennent toujours loin de chez lui,
« il faut à Frédérik un précepteur de science
« suffisante; mais, avant tout, *homme de cœur,*
« *d'honneur et d'expérience...* un homme en-
« fin qui comprenne l'importance presque re-
« doutable de cette mission : *façonner un ado-*
« *lescent à la vie de l'homme.*

« Ce précepteur tel que je le conçois, tel
« qu'il le faudrait, éclairé des lumières que lui
« donnerait madame Bastien sur le passé, aidé
« de l'influence qu'elle a dû, malgré tout, con-
« server sur son fils, un tel précepteur, à force
« de pénétration, de patiente étude, arriverait
« d'abord à connaître le secret de la haine de
« Frédérik, aiderait sa mère à combattre, à

« détruire cette haine dans le cœur de ce mal-
« heureux enfant, puis continuerait pour son
« éducation d'homme, ce que madame Bas-
« tien avait si admirablement commencé; car
« enfin... son fils ne lui a pour ainsi dire échappé
« qu'alors qu'il eût fallu, pour le conduire, la
« main ferme et expérimentée d'un homme,
« au lieu de la main timide et délicate d'une
« femme. »

— Cela n'est que trop vrai, — dit madame
Bastien en s'interrompant, — j'avais senti cette
nécessité en pensant à donner un précepteur à
mon fils... vous le savez, mon cher docteur...
Désespérée de mon impuissance, je m'étais dit
que peut-être ce précepteur, pris d'abord pour
tâcher de ranimer le goût de l'étude chez Frédérik, m'aiderait ensuite à le diriger, puisque

mon mari ne peut... ni ne veut s'occuper de son fils comme il le faudrait. Ce précepteur, vous le savez, était loin, sans doute, de réunir toutes les conditions que j'aurais désirées, mais il était suffisamment instruit... et surtout d'une patience, d'une douceur rares... Malheureusement, le mauvais vouloir, les emportements de mon fils l'ont rebuté...

Maintenant, dans l'isolement où je vis, et s'il faut tout vous dire, limitée à la modique somme que mon mari a consenti à grand'peine à affecter à cette dépense, pourtant la plus importante de toutes... où pourrai-je trouver un précepteur... tel que le dépeint votre ami? Et d'ailleurs, comment le faire accepter par Frédérik dans l'état d'irritation où il se trouve? Et puis enfin, plus un précepteur aura conscience de sa valeur, de son dévouement et de sa dignité, moins il voudra s'exposer aux violences de mon fils... Hélas! vous le voyez... il faut renoncer à ce moyen, dont je reconnais cependant toute la valeur.

Et la jeune femme poursuivit sa lecture.

« Si madame Bastien, par des motifs parti-
« culiers, ne désirait pas s'adjoindre un pré-
« cepteur, il lui reste une ressource, qui peut-
« être ne guérira pas radicalement l'âme de
« Frédérik... mais qui du moins le distraira for-
« cément de l'idée fixe dont il paraît dominé ;
« il faudrait... que sa mère partît au plus tôt
« avec lui pour un long voyage... »

—Cette résolution... de partir avec mon fils,

— dit Marie en s'interrompant, — je l'avais prise... Ce soir, et au moment où vous êtes arrivé... je venais d'écrire à mon mari pour le prévenir de ma détermination. Ah! du moins... je ne me suis pas trompée cette fois, puisque sur ce point je me trouve d'accord avec votre ami... il me reste donc quelque espoir...

— Oui... mais selon... mon ami... et il a, je crois, parfaitement raison, un voyage n'est qu'un palliatif ainsi que vous allez le voir...

En effet, madame Bastien lut ce qui suit :

« Je ne doute pas des bons effets momen-
« tanés d'un voyage sur l'esprit de Frédérik;
« d'abord l'éloignement de l'objet de sa haine,

« puis l'aspect des lieux nouveaux, les mille
« incidents de la route, la présence continuelle
« de sa mère distrairont nécessairement Fré-
« dérik de ses funestes pensées... l'en distrai-
« ront..., mais malheureusement ne les dé-
« truiront pas...

« Pour me résumer :

« L'assistance d'un précepteur *digne de*
« *cette mission,* doit mettre madame Bastien à
« même de guérir Frédérik, et de le préserver
« du retour des passions mauvaises...

« Un voyage peut améliorer la situation
« morale de Frédérik et permettre, chose *très-*
« *importante* d'ailleurs, *de gagner du temps...*

« un voyage enfin dépend absolument de la
« volonté de madame Bastien, et peut s'exé-
« cuter à l'instant.

« Il n'en est pas ainsi de la rencontre d'un
« précepteur. Je sais qu'il est difficile de trou-
« ver à l'instant un homme capable de com-
« prendre cette mission, rendue plus difficile
« encore par la position exceptionnelle de
« Frédérik... Aussi, j'ai tellement conscience
« de ces difficultés... que si tu crois mon offre
« acceptable... et avant tout *convenable*... je
« serais heureux de m'offrir à madame Bastien
« pour être le précepteur de Frédérik. »

La stupeur de Marie fut si profonde, qu'elle
s'interrompit brusquement.

Puis, croyant avoir mal lu, elle redit tout haut cette ligne comme pour bien s'assurer de sa réalité :

« *Je serais heureux de m'offrir à madame*
« *Bastien pour être le précepteur de Frédé-*
rik... »

— Oui, — dit le docteur avec émotion, — et s'il le dit... c'est que cela est...

— Pardon, docteur, — balbutia la jeune femme, presque étourdie de cet incident, — pardon... mais le saisissement... que me cause cette offre inattendue... incompréhensible...

— Incompréhensible... non... Quand vous

aurez quel est celui qui vous fait cette offre...
mieux que personne vous apprécierez le sentiment auquel il obéit.

— Mais enfin... docteur... sans me connaître...

— D'abord... il vous connaît... car j'ai été, je vous l'ai dit, très-indiscret... et puis... tout autre précepteur qui se proposerait, vous connaîtrait-il davantage?...

— Mais... votre ami n'a jamais été précepteur.

— Jamais... Cependant... d'après sa lettre... ne le tenez-vous pas pour un homme d'un esprit juste, généreux, éclairé? Quant à son savoir, je peux vous le garantir, il est rare en toutes choses...

— Je vous l'ai dit, docteur, cette lettre montre une profonde connaissance de l'âme, une rare élévation de sentiments... et par cela même je ne puis comprendre qu'un homme si éminemment doué, puisse se résoudre à accepter les fonctions de précepteur, toujours regardées comme si subalternes.

— Il croirait, lui, au contraire, faire preuve d'outrecuidance en acceptant, sans être capable de les remplir, ces fonctions, qu'il regarde avec raison comme un sacerdoce...

Madame Bastien, en proie à une indéfinissable émotion, poursuivit sa lecture.

« Cette proposition t'étonnera peut-être,
« mon ami, car je t'ai quitté hier soir, afin de
« me rendre à Nantes, où je dois m'embarquer
« pour une longue traversée... Puis, je n'ai
« jamais été précepteur, et ma position de
« fortune me permet de ne pas chercher une
« ressource dans ces fonctions ; enfin, madame
« Bastien ne me connaît pas, et je désire ob-
« tenir d'elle la plus grande preuve de con-
« fiance qu'elle puisse me donner : *me laisser*
« *partager avec elle la direction de Frédérik.*

« Ta première surprise passée, mon ami, tu
« te rappelleras que, tout en tâchant de

« donner un but d'utilité à mes voyages, j'ai
« surtout cherché, dans cette vie aventureuse,
« une distraction aux regrets éternels que me
« cause la mort de mon pauvre jeune frère....
« Mon excursion au Sénégal peut d'ailleurs
« être ajournée... sans dommage pour la cause
« que je désirais servir dans cette circonstance.

« Quant à ma capacité comme instituteur,
« je puis, tu le sais, offrir, scientifiquement par-
« lant, toutes les sûretés désirables, quoique je
« n'aie jamais fait d'autre éducation que celle
« de mon bien-aimé Fernand.

« Maintenant, comment en quelques heures
« de réflexion me suis-je décidé à essayer la
« guérison morale de Frédérik, si elle m'était
« confiée?

« Rien de plus extraordinaire pour qui ne
« me connaît pas.

« Rien de plus simple pour toi qui me con-
« nais.

« Depuis la mort de Fernand, tous les en-
« fants de son âge... m'inspirent un intérêt in-
« définissable... Aussi, hier, à la vue de Fré-
« dérik, dont la rare beauté m'a d'autant plus
« frappé, que l'expression de sa physionomie
« paraissait plus sombre, plus douloureuse, je
« me suis senti profondément ému ; puis lors-
« que, à certains indices, j'ai cru deviner les
« cruels sentiments de ce malheureux enfant,
« j'ai éprouvé pour lui une compassion sincère.
« Ce que tu m'as ensuite appris de l'admira-

« ble.dévouement de madame Bastien, a porté
« mon intérêt à son comble, et, en nous sépa-
« rant, je te disais que, cette fois encore, il m'é-
« tait cruel de me résigner à une commiséra-
« tion stérile.

« Mais, cette nuit, après avoir beaucoup
« songé à la gravité de l'état moral de Frédé-
« rik, aux alarmes toujours croissantes de sa
« mère, et enfin aux obstacles qu'elle aurait à
« vaincre pour arriver à la guérison de son fils,
« j'ai entrevu, je le crois, les moyens d'arriver
« à cette guérison, et cette guérison... j'offre
« de la tenter...

« Que mon apparente générosité ne te sur-
« prenne pas, mon ami.

« Selon moi, *certaines infortunes* OBLIGENT
« *autant que certaines félicités...*

« Je croirais rendre un pieux hommage à
« la mémoire de mon pauvre Fernand, en fai-
« sant pour Frédérik ce que j'avais espéré faire
« pour mon frère ; ce me serait à la fois, la
« plus salutaire distraction, la plus douce con-
« solation de mes chagrins...

« Voilà, mon ami, tout le secret de ma ré-
« solution ; maintenant je suis certain qu'elle
« ne t'étonnera plus...

« Si mon offre est acceptée... j'accomplirai
« ma mission avec conscience...

« D'après ce que je sais de madame Bastien,

« elle doit, il me semble, comprendre mieux
« que personne le motif de ma démarche.
« Aussi, en y réfléchissant, je crois que tu
« peux lui communiquer cette lettre, d'abord
« seulement écrite pour toi.

« Tu compléteras verbalement les rensei-
« gnements que madame Bastien pourra te
« demander sur moi ; tu sais toute ma vie...
« En un mot, dis ce que tu croiras devoir dire
« pour prouver à madame Bastien que surtout
« *moralement, honorablement parlant,* je suis
« digne de sa confiance.

« Réponds-moi à Nantes ; il est indispen-
« sable que j'aie, *d'aujourd'hui en huit,* une
« décision quelconque, car *l'Endymion* part
« le 14 courant, sauf les vents contraires ; il

« s'agit, pour madame Bastien, de predere une
« détermination très-grave. Aussi ai-je désiré
« lui laisser un jour de réflexion de plus; en
« t'écrivant d'ici, ma lettre gagne ainsi près de
« vingt-quatre heures.

« Si mon offre est refusée, j'accomplirai
« mon voyage.

« La voiture repart... Adieu en hâte, mon
« bon Pierre, je n'ai que le temps de fermer
« cette lettre et de te serrer la main.

« HENRI DAVID »

VII

Telle était la foi légitime et éprouvée du docteur envers son ami, telle était l'angélique pureté de l'âme de Marie, telle était enfin l'irrésistible sincérité de l'offre de David, qu'il ne vint pas, qu'il ne pouvait pas venir à l'idée de madame Bastien ou de M. Dufour que la proposition de David, spontanée comme tout premier mouvement d'un cœur généreux, mais surtout loyale, désintéressée, pût cacher quelque projet de séduction; et bien plus, David en faisant son offre, Marie et le docteur en la commentant, ne songèrent pas un instant à ce qu'il pouvait y avoir de dangereux dans les rapports de confiance, intime, journalière, qui devaient exister entre la jeune mère et le précepteur... Non, la sainteté de l'amour maternel inspirait à Marie une confiance remplie de sérénité... au docteur et à son ami un dévouement rempli d'admiration et de pieux respect.

. . . .

Madame Bastien, remettant au docteur, d'une main tremblante d'émotion, la lettre de David, s'apprêtait à parler, lorsque M. Dufour lui dit :

— Un mot, de grâce... je ne sais quelle sera votre détermination... mais, avant de la connaître, je crois devoir vous donner quelques renseignements sur Henri David... Alors, complétement édifiée sur lui, vous pourrez accepter ou refuser son offre. N'êtes-vous pas de cet avis?

— Non... mon cher docteur... — répondit madame Bastien, après un moment de réflexion,—je ne suis pas de cet avis.

— Comment...?

— De deux choses l'une... ou j'accepterai l'offre de M. David... ou je serai obligée de la refuser... Si je l'accepte... il y aurait de ma part une sorte de défiance blessante, et pour vous et pour votre ami, à vouloir... être plus renseignée sur lui que je ne le suis... Cette lettre me prouve la justesse de son esprit... la générosité de son cœur... Enfin... moralement parlant, vous me répondez de votre ami... comme de vous-même, vous, mon cher docteur ; vous, pour qui je ressens l'estime la plus méritée... Que pourrais-je désirer de plus ? Et puis, enfin, je vous rappellerai ce que vous me disiez tout à l'heure : parmi les précepteurs que je pourrais choisir... quel est celui qui m'offrirait les garanties que m'offre déjà M. David ?

— Cela est juste... entre gens de bien, on se croit sur parole.

— Si, au contraire, — reprit tristement madame Bastien, — je ne puis... ou je ne dois pas accepter l'offre de M. David, il y aurait une sorte d'indélicate curiosité de ma part à provoquer vos confidences sur la vie passée d'une personne... qui doit me rester étrangère, bien que la noblesse de son offre lui ait mérité ma reconnaissance éternelle.

— Je vous remercie pour David et pour moi de la confiance que vous nous témoignez, ma chère madame Bastien. Maintenant... réfléchissez... vous me ferez connaître votre résolution. J'ai désiré, suivant les intentions de David, vous communiquer sa lettre le plus tôt qu'il m'a été possible... Voilà pourquoi, au risque de vous inquiéter un peu par une visite insolite, je suis venu ce soir, au lieu d'attendre à demain, et...

Le docteur ne put achever.

Un éclat de rire violent, convulsif, retentit dans la chambre de Frédérik et fit bondir madame Bastien sur son siége...

Pâle... épouvantée... elle saisit la lumière et courut à la chambre de son fils où elle entra, suivie du docteur.

Le malheureux enfant, les traits décomposés, livides, les lèvres contractées par un sourire sardonique, était en proie à un accès de délire causé sans doute par la réaction des événements de la soirée; à ses éclats de rire insensés, succédaient çà et là des paroles incohérentes, bizarres, mais parmi lesquelles revenaient incessamment :

— Je l'ai manqué... mais patience... patience.

Ces paroles, malheureusement trop significatives pour madame Bastien, lui prouvaient que telle était la persistance des idées de haine et de vengeance de Frédérik, qu'elle seules restaient lucides au milieu de l'égarement de son esprit.

Grâce à la présence presque providentielle du docteur Dufour chez madame Bastien, les soins les plus prompts, les plus efficaces, furent prodigués à Frédérik.

Durant toute la nuit et la journée du lendemain, sauf une absence de quelques heures, pendant laquelle il se rendit à Pont-Brillant, le docteur ne quitta pas le malade, au chevet duquel madame Bastien veilla avec son courage et son dévouement habituels.

Vers le soir, une amélioration sensible s'opéra dans l'état de Frédérik, le délire cessa; ce fut même avec une effusion inaccoutumée que ce malheureux enfant remercia sa mère de ses soins, et il versa des larmes abondantes.

Marie, passant du désespoir à une folle espérance, s'imagina que la violence de cette crise ayant opéré dans l'esprit de son fils une révolution salutaire, il était sauvé. Vers les dix heures du soir, elle céda aux instances du docteur qui prouvait la sécurité où le laissait l'état du malade en retournant à Pont-Brillant, et elle consentit à se mettre au lit pendant que sa servante veillerait son fils. Brisée par la fatigue, par les émotions des dernières journées, la jeune mère goûta le calme réparateur d'un profond sommeil, après avoir exigé que la porte de son fils restât ouverte.

Le matin venu, la première pensée de madame Bastien, en se réveillant, fut d'aller voir Frédérik ; il dormait... Elle s'éloigna doucement, en faisant signe à Marguerite de la suivre, et lui demanda tout bas :

— Comment a-t-il passé cette nuit?

— Très-bien, madame ; il ne s'est réveillé que deux fois, et il m'a parlé... bien raisonnablement, je vous l'assure.

— Et de quoi vous a-t-il parlé?

— Mon Dieu, madame, de choses et d'autres; il m'a demandé, par exemple, en me priant de ne vous en rien dire, comme s'il y avait grand mal à cela, il m'a demandé où était son fusil...

— Son fusil? — reprit madame Bastien en tressaillant d'une nouvelle anxiété.

— Et ce fusil, madame... vous savez bien qu'avant-hier... vous me l'avez fait cacher.

— Et... — reprit madame Bastien avec angoisse, — il n'a rien ajouté de plus?

— Non, madame... seulement quand je lui ai eu répondu... que madame avait fait renfer-

mer le fusil, il m'a dit: « Ah ! c'est bien...
« mais je vous prie, Marguerite, de ne pas dire
« à ma mère que j'ai pensé à mon fusil ; elle
« croirait que, faible comme je le suis, j'ai des
« idées de chasse et cela pourrait l'inquié-
« ter... »

A peine remis d'une crise cruelle, Frédérik
était-il de nouveau sous l'empire de l'horrible
préoccupation de sa vengeance ?... idée fixe
qui ne l'avait pas même abandonné pendant le
trouble de son esprit.

Marie était plongée dans ses réflexions na-
vrantes, lorsqu'on lui remit une lettre apportée
par le facteur rural.

Madame Bastien reconnut l'écriture de son

mari; c'était la réponse à la lettre dans laquelle elle le prévenait de sa résolution de faire voyager Frédérik.

« Bourges, 5 novembre 1846.

« Je vous réponds *courrier par courrier*,
« comme vous le désirez et pour vous deman-
« der :

« 1° Si vous êtes devenue folle ?

« 2° Si vous me croyez assez *bonasse* pour
« me rendre bêtement complice du caprice le
« plus absurde qui soit jamais passé à travers
« la cervelle d'une femme désœuvrée ?

« Ah ! ah ! madame ma femme, sous prétexte

« *de la santé de Frédérik,* il vous faut des voya-
« ges de luxe, avec suivante, ni plus ni moins
« qu'une grande dame,... passer l'hiver dans
« le Midi, rien que ça? parce qu'il fait trop
« froid à la ferme probablement? et que vous
« vous y ennuyez à crever, je suppose? Aussi
« vous voulez courir la pretentaine?

« Ah çà! mais savez-vous que vous vous y
« prenez un peu bien tard, dites donc, pour
« faire la folichonne, la jeunette et l'évapo-
« rée?

« *Nous resterons à Paris vingt-quatre heu-*
« *res... au plus,* me dites-vous, mais moi qui
« suis un vieux renard, d'ici je vois le fil... c'est
« pas mal joué, mais j'ai un atout supérieur;

« je devine vos cartes, je vais vous les dire,
« moi.

« Comme toutes les provinciales, vous cre-
« vez d'envie de voir la capitale, et le moyen
« ne serait pas mal choisi, si j'étais aussi benêt
« que vous le supposez... Une fois à Paris, ça
« serait ceci, cela : *Mon fils est fatigué du
« voyage, nous ne trouvons pas de place à la
« diligence, je suis moi-même indisposée,* et
« autres fariboles... pendant lesquelles huit
« jours, quinze jours, un mois, se passeraient,
« et vous vous régaleriez de la vie de Paris, en
« veux-tu ? en voilà ; le tout avec mon *saint-
« frusquin*, et puis, à la fin de janvier, fouette,
« cocher, allons passer l'hiver dans le Midi.

« Si ça ne fait pas suer !

« Quand je vous le dis, faites donc la du-
« chesse, la princesse. Ah! vraiment, monsieur
« mon fils a besoin de distractions pour sa
« santé? Eh bien, qu'il pêche à la ligne, il a
« trois étangs à sa disposition; qu'il chasse le
« lapin et le lièvre, il n'en manque pas dans les
« taillis du *Coudrai*. Il a besoin de voyager?
« qu'il voyage de la plaine des *Herbiers* à la
« bruyère du moulin *Grand-Pré*; qu'il fasse
« cet exercice-là six fois par jour, et je vous ré-
« ponds qu'en trois mois, il aura fait un
« voyage aussi long que celui d'ici à Hyères.

« Tenez... vous me faites pitié, ma pa-
« role d'honneur! A votre âge... avoir des
« idées aussi cornues... biscornues... et surtout
« me faire l'offense de me croire assez *serin*
« pour donner dans le panneau.

« Du reste, ceci me confirme dans l'idée que
« j'avais, que vous éleviez votre fils comme un
« monsieur... un damoiseau... Voyez-vous ça :
« il faut des distractions, des voyages, à ce ca-
« det-là? Est-ce qu'il n'aurait pas des vapeurs
« et des attaques de nerfs par hasard !

« Soyez tranquille, j'y mettrai bon ordre, à
« ses vapeurs; comme je n'ai pas le temps de
« m'en occuper, j'ai consenti à vous le laisser
« jusqu'à dix-sept ans révolus et à lui donner
« dernièrement encore, le ridicule d'un pré-
« cepteur, ni plus ni moins que s'il était duc ou
« marquis. Je n'ai que ma parole, vous garde-
« réz encore votre fils et un précepteur quel-
« conque pendant cinq mois, après quoi, je
« vous flanque M. Frédérik *saute-ruisseau* chez
« mon compère Bridou, l'huissier, et, au lieu

« de faire des voyages de distraction dans le
« Midi, comme un grand seigneur, monsieur
« mon fils noircira ses belles mains blanches à
« grossoyer sur papier timbré, comme ont fait
« son père et son grand-père : car le *papier*
« *timbré*, voilà ma noblesse, à moi. Elle vaut
« bien celle des marquis. Monsieur mon fils
« entrera donc *page* dans *la noble maison de*
« *très-haut et très-puissant seigneur* Jérôme
« Bridou, mon compère, et c'est là que le jeune
« homme fera ses *premières armes*; c'est donc
« pour dire que vos projets de voyage n'ont
« pas le sens commun et que je ne vous don-
« nerai pas un rouge liard pour faire vos esca-
« pades.

« J'écris *courrier par courrier* à mon ban-
« quier à Blois, de se bien garder de vous

« avancer un centime, et j'écris aussi à mon
« ami Bossard, le notaire de Pont-Brillant, qui
« est une vraie gazette, de crier sur tous les
« toits que, en cas de demande d'argent de vo-
« tre part, l'on ne vous prête pas un sou, vu
« que je ne payerai pas : *car toute dette con-*
« *tractée sans l'assentiment du mari est enta-*
« *chée de nullité, puisque la femme est consi-*
« *dérée comme mineure*... Ruminez bien ceci...
« c'est la loi... une mineure de trente-un ans,
« c'est un peu mûr ; mais enfin, puisque vous
« vous mettez en goût de batifoler comme une
« jeunesse, il faut vous brider haut et serré.

« Je vous préviens, en outre, que je viens de
« donner des instructions et des pouvoirs tels
« à mon compère Bridou, que, si vous aviez
« l'audace de faire un coup de tête et d'entre-

« prendre ce voyage, en empruntant de l'ar-
« gent, je ne sais à qui, l'on *mettrait à l'in-*
« *stant la police à vos trousses pour vous faire*
« *réintégrer dans de force le domicile conju-*
« *gal,* ainsi que j'en ai le droit ; car une femme
« ne peut quitter ledit toit conjugal, sans au-
« torisation de *son maître et seigneur.* Vous
« me connaissez et savez si je reculerai devant
« l'accomplissement de ma menace. Vous avez
« votre tête... vous me l'avez bien prouvé...
« Eh bien, moi aussi... j'ai la mienne...

« Ne vous donnez pas la peine de me répon-
« dre : je pars de Bourges ce soir, pour des-
« cendre dans le bas pays où je flaire une bonne
« opération ; le *revidage* et la vente en morcel-
« lement des lots de terre me retiendront jus-
« que vers la mi-janvier au moins ; je revien-

« drai ensuite à la ferme pour songer à mes
« blés de mars, et vous laver un peu soigneu-
« sement la tête comme vous le méritez, ainsi
« qu'à monsieur mon fils.

« C'est dans cette espérance, que je me dis
« votre mari fort peu content.

« Bastien. »

« *P. S.* Vous m'avez écrit, dans votre avant-
« dernière lettre, que votre précepteur était
« parti; si vous voulez remplacer cet âne par
« un autre, faites comme vous voudrez, pourvu
« que le précepteur (*puisque précepteur il y a,*
« *pendant cinq mois encore*) ne me coûte
« que la pâtée, le logement, et cent francs par

« mois comme l'autre (*sans blanchissage, bien*
« *entendu*). Je devrais, pour vous punir, vous
« rogner le précepteur; mais je n'ai qu'une
« parole, et vous le laisse ; arrangez-vous donc
« comme vous voudrez, et surtout, n'oubliez
« pas qu'à aucun prix, je ne veux de ces cra-
« cheurs de latin-là à ma table quand j'y suis;
« ça me gêne. Quand je viendrai chez moi,
« ledit précepteur mangera dans sa chambre,
« ou à la cuisine, s'il aime la société.

« Vous remettrez à maître Hurbin, cette
« lettre relative à mes semailles d'octobre et
« au *curage* de ma belle sapinière de la route,
« que je conserve comme la prunelle de mes
« yeux. Vous direz à maître Hurbin de me
« faire savoir si mes portées de truies donnent
« de belles espérances, car je tiens à être mé-

« daillé pour l'élève de mes porcs : c'est pour
« moi une affaire d'amour-propre. »

Un quart d'heure après avoir reçu la grossière épître de son mari, *son seigneur et maître,* comme il disait plaisamment, madame Bastien écrivait les deux lettres suivantes qui furent aussitôt portées à Pont-Brillant par un exprès.

« *A Monsieur le docteur Dufour.*

« Mon bon docteur, veuillez, je vous prie,
« faire parvenir, au plus tôt, à Nantes, la let-
« tre ci-jointe, après l'avoir lue et cachetée :
« vous ne devez rester étranger à aucune de
« mes résolutions, dans la pénible et grave
« circonstance où je me trouve.

« Mon fils a passé une bonne nuit, *physi-*
« *quement parlant...*

« Tâchez de me donner quelques instants
« aujourd'hui ou demain. Je vous dirai ce que
« je n'ai pas le temps de vous écrire, car j'ai
« hâte de faire partir cette lettre.

« A bientôt, je l'espère.

« Croyez à l'assurance de mon inaltérable
« amitié.

« Marie Bastien. »

La lettre du docteur Dufour contenait une

enveloppe non cachetée dans laquelle on lisait ces lignes :

« Monsieur,

« J'accepte avec une profonde reconnais-
« sance votre offre généreuse.

« L'âge et l'état moral de mon fils, les
« craintes que m'inspire son avenir, tels sont
« mes titres à votre intérêt, monsieur; et je
« crois qu'à vos yeux, ces titres-là sont sa-
« crés.

« Daignez, monsieur, mettre le comble à
« vos bontés, en hâtant le plus possible votre
« arrivée ici... Vos prévisions au sujet de

« mon malheureux enfant ne sont pas seu-
« lement réalisées... elles sont, hélas ! encore
« dépassées...

« Mon seul espoir est en vous, monsieur ;
« chaque heure, chaque minute... ajoute à
« mes angoisses. Je suis épouvantée de cequi
« peut se passer d'un moment à l'autre, mal-
« gré ma sollicitude et ma surveillance infati-
« gables.

« C'est vous dire, monsieur, avec quelle im-
« patience, avec quelle anxiété, j'attendrai vo-
« tre secours.

« Soyez béni, monsieur, pour la compas-

« sion que vous témoignez à une mère qui ne
« tient à la vie que par son fils.

« Marie Bastien. »

VIII

Pendant le peu de jours qui précédèrent l'arrivée de Henri David chez madame Bastien, l'état de faiblesse qui, chez Frédérik, avait succédé à la fièvre nerveuse, fut si accablant pour lui, qu'il ne put sortir de la maison maternelle... Le temps s'était d'ailleurs complétement *hiverné*, ainsi qu'on dit dans le pays; une neige précoce couvrait la terre, tandis qu'un humide et épais brouillard obscurcissait l'atmosphère.

Ces circonstances, jointes à l'état d'atonie de son fils, avaient facilité la surveillance de madame Bastien, qui de toute la journée ne le quittait pas : la nuit venue, les volets de la fenêtre de Frédérik étaient solidement maintenus en dehors, et toute évasion lui était impossible, lors même qu'il aurait eu la force de la tenter.

Du reste, quoique toujours taciturne et concentré, l'adolescent s'efforçait de dissimuler ses sentiments, dans l'espoir de déjouer plus tard l'inquiète surveillance de sa mère; deux ou trois fois, il lui manifesta même le désir de faire un peu de musique et quelques lectures, ce qui ne lui était pas arrivé depuis longtemps, et, malgré quelques moments de sombre préoccupation, où il retomba parfois, son esprit parut plus calme.

Un jour, il était avec sa mère dans le salon d'étude, occupé à placer, dans de petits pots de terre, quelques bulbes de jacinthes précoces, lorsque le vent apporta le son lointain des trompes et les aboiements des chiens : le jeune marquis chassait en forêt.

Madame Bastien observa son fils sans que celui-ci s'en aperçût ; pendant un instant une lividité jaunâtre s'étendit sur ses traits contractés, ses yeux étincelèrent, et ses mains se crispèrent si violemment, qu'il brisa un fragile petit pot de terre qu'il tenait ; puis ses traits reprirent une apparente tranquillité, et il dit à sa mère, en tâchant de sourire et lui montrant les débris du vase :

— Il faut avouer que je suis un jardinier... bien maladroit.

Cette dissimulation à laquelle Frédérik n'avait pas encore eu recours, annonçait un nouveau progrès, et pour ainsi dire une nouvelle période de sa funeste passion... Marie n'en attendit qu'avec plus d'anxiété l'arrivée de David.

Depuis la scène du guet-a-pens dans la forêt, il n'y avait eu entre la mère et le fils aucune explication, aucune allusion même à ce sinistre incident.

La jeune femme aurait été complice de Frédérik, qu'elle n'eût pas éprouvé des angoisses plus terribles lorsqu'elle arrêtait malgré elle sa pensée sur cette tentative homicide; elle avait même caché cette triste révélation au docteur Dufour, son ami le plus éprouvé. Aussi se demandait-elle si elle aurait jamais le courage de faire à David cet aveu, dont elle sentait pourtant l'impérieuse nécessité.

D'autres pénibles préoccupations agitaient madame Bastien : se souvenant de la dureté hautaine avec laquelle son fils avait accueilli les bienveillantes paroles de David, le jour de la Saint-Hubert, elle ne pouvait songer sans inquiétude aux difficultés probables des relations de son fils et de son nouveau précepteur, dont la venue était encore un secret pour Frédérik. Madame Bastien s'était abstenue de prévenir son fils tant qu'elle n'avait pas la certitude absolue de l'arrivée de David.

Enfin elle reçut un mot du docteur Dufour, contenant ce billet de son ami :

« Je prends la poste pour gagner vingt heu-
« res, mon cher Pierre... j'arriverai donc chez
« toi dans le courant du jour où tu auras reçu
« ces lignes, et nous nous rendrons ensemble
« chez madame Bastien. »

Plus de doute, David arriverait dans quelques heures, Marie ne pouvait tarder davantage à instruire son fils de ses projets ; elle se trouvait alors avec lui dans la salle d'étude.

Frédérik, poursuivant son plan de dissimulation, était assis à une table, s'occupant en apparence de traduire du français en anglais, travail à l'aide duquel il pouvait cacher la tension de son esprit, occupé ailleurs.

— Frédérik, — lui dit sa mère, — quitte un instant tes livres... et viens ici... près de moi... mon enfant, nous avons à causer.

L'adolescent se leva et vint s'asseoir auprès de sa mère sur une espèce de canapé placé latéralement à la cheminée.

Madame Bastien, prenant les mains de son fils dans les siennes, lui dit avec une tendre sollicitude :

— Comme tes mains sont froides, mon enfant!... Vois-tu ? ta table de travail est trop éloignée du feu... Tu as voulu aller te mettre au bout de cette pièce... au lieu de rester là... voilà ce qui arrive...

— Je vais, si tu le veux, me rapprocher, ma mère.

— Oui, tout à l'heure... mais je te l'ai dit : d'abord... nous avons à causer...

— A causer?... de quoi?...

— De quelque chose de très-sérieux, mon cher enfant.

— Je t'écoute...

—Les raisons qui m'avaient engagée à te choisir un précepteur... existent toujours... quoiqu'il nous ait quittés... Il est des connaissances que tu dois acquérir, et que je ne puis malheureusement pas te donner...

— Je n'ai maintenant, tu le sais, ma mère... aucun goût pour le travail.

— Il faudrait au moins tâcher de prendre un peu sur toi... de vaincre cette langueur, cet ennui qui t'attriste... et me chagrine...

—Eh bien,... je tâcherai...

— Je te crois... mais il me semble que si tu avais quelqu'un auprès de toi pour t'encourager dans tes bonnes résolutions... pour te guider dans tes travaux... cela vaudrait mieux; qu'en penses-tu?

— Tu m'encourageras, toi... cela me suffit.

— Je t'encouragerai... à la bonne heure; mais diriger tes nouvelles études, cela, je te le répète, me serait impossible; aussi, — ajouta madame Bastien en hésitant et interrogeant son fils d'un regard inquiet, — j'ai pensé qu'il était à propos de remplacer auprès de toi le précepteur qui nous a quittés...

— Comment... le remplacer?

— Oui... j'ai pensé à te donner un nouveau précepteur...

— Ce n'est pas la peine de songer à cela, ma mère, je ne veux plus de précepteur...

— Si cela était nécessaire... pourtant...

— Cela ne l'est pas...

— Tu te trompes, mon enfant...

— Je me trompe?

— Je t'ai choisi un nouveau précepteur.

— Tu dis cela pour plaisanter?

— Depuis longtemps... mon pauvre enfant, nous avons toi et moi perdu l'habitude de plaisanter... et quand je pense à notre gaieté d'autrefois,... il me semble rêver... Mais enfin, pour revenir à ce que je te disais, ton nouveau précepteur arrive...

— Il arrive?...

— Aujourd'hui.

Frédérik devint pourpre, tressaillit, se leva brusquement, et, frappant du pied avec colère, s'écria :

— Et moi... je ne veux pas de précepteur... entendez-vous, ma mère?...

— Mon enfant, écoute-moi, de grâce...

— Je vous dis que je ne veux pas de précepteur; renvoyez-le... il est inutile... de le prendre. Sinon... il sera de celui-ci... comme de l'autre...

Madame Bastien s'était montrée jusqu'alors tendre, presque suppliante avec son fils ; mais, ne voulant pas que sa condescendance dégénérât en faiblesse, elle reprit d'une voix à la fois affectueuse et ferme :

— J'ai décidé dans ton intérêt, mon enfant, que tu aurais un précepteur, et je suis certaine que tu respecteras ma volonté...

— Vous le verrez...

— Si tu entends dire par là que tu espères

lasser, rebuter ce nouveau précepteur par ton mauvais vouloir et tes emportements, tu as doublement tort... d'abord, parce que tu m'affligerais beaucoup, et puis parce que M. David... c'est son nom, n'est pas de ces hommes qui se lassent et se rebutent.

— Peut-être...

— Non, mon enfant... car les dures paroles, les colères, loin de le blesser, lui inspirent une tendre commisération remplie de bienveillance et de pardon, ainsi qu'il te l'a déjà prouvé.

— A moi ?

— A toi... mon enfant... car tu l'as vu chez le docteur Dufour...

— Comment... cet homme...

— Cet homme... est le précepteur que je t'ai choisi...

— C'est lui?... — dit Frédérik avec un sourire amer et sardonique. — Après tout, tant mieux; je préfère lutter contre celui-là que contre un autre. De lui ou de moi nous verrons qui cédera...

Madame Bastien regarda son fils avec plus de chagrin que de surprise; elle s'attendait presque à l'irritation de Frédérik à l'annonce de l'arrivée d'un nouveau surveillant.

Mais quoique certaine de la longanimité de Henri David qu'elle savait préparé d'avance à toutes les tribulations de la tâche difficile dont il désirait se charger, Marie, voulant épargner du moins à cet homme généreux un accueil blessant qui ne l'irriterait pas sans doute, mais l'affligerait et refroidirait peut-être son intérêt pour Frédérik, Marie s'adressa directement à l'affection de son fils dont jusqu'alors elle n'avait jamais pu douter.

— Mon cher enfant, — reprit-elle après un moment de silence, — je ne te dirai qu'une chose, et je suis bien certaine d'être entendue... C'est au nom de ma tendresse... et de mon dévouement pour toi... que je te prie d'accueillir M. David avec la déférence due à son caractère et à son mérite... Voilà tout ce que je te demande;... plus tard... l'affection... la confiance, viendront, je n'en doute pas... je me fie, pour cela... à ton bon cœur et aux soins de M. David; mais si aujourd'hui tu ne te montrais pas envers lui, tel... que je le désire... je croirais... oui, je croirais que tu ne m'aimes plus, mon Frédérik...

Et madame Bastien se jeta au cou de son fils, en fondant en larmes; car ces paroles, pourtant si simples : *je croirais que tu ne m'aimes plus,* exprimaient le doute le plus navrant qui pût déchirer son cœur.

L'envie, la haine, en aigrissant, en dénaturant le caractère de Frédérik, n'avaient pu altérer son amour pour sa mère ; mais la honte des mauvais sentiments dont il était possédé, le rendait contraint, taciturne, et la conscience de n'être plus digne d'être aimé comme par le passé, venait souvent arrêter sur ses lèvres l'expression de sa tendresse filiale...

Cependant, entraîné cette fois par l'accent, par l'étreinte passionnée de sa mère, des larmes de regret et d'attendrissement lui vinrent aux yeux ; mais songeant tout à coup que la jeune femme allait mettre entre elle et lui un étranger, la crainte d'être pénétré, la révolte contre une autorité autre que l'autorité maternelle, une sorte de jalousie d'affection glacèrent soudain Frédérik ; ses larmes se séchèrent, et il se dégagea doucement des bras de la jeune femme en détournant les yeux. Celle-ci, ignorant la cause de cette froideur, crut à l'indifférence de cet enfant qui l'avait tant aimée; mais, voulant douter encore de cette révélation, elle s'écria, tremblante, éperdue :

— Frédérik... tu ne me réponds pas ; tiens, je... comprends pourquoi... oui... tu penses que j'exagère... n'est-ce pas, quand je te dis que si tu fais un blessant accueil à ton nouveau précepteur... je croirai que tu ne m'aimes plus, mon Frédérik... En effet, maintenant j'y réfléchis... tu dois penser que j'exagère, mais tu vas me comprendre tout de suite... L'arrivée de ce nouveau précepteur... c'est, selon moi, ton salut et le mien... Vois-tu ?... c'est la fin de tes peines, qui, tu le sais bien, sont les miennes, c'est une nouvelle ère d'espérance et de bonheur qui va recommencer pour nous deux... C'est à cause de cela que je te dis que si tu t'exposais à compromettre ton salut, que je regarde comme notre salut à tous deux, par ton blessant accueil envers M. David, je croirais que tu ne m'aimes plus... parce qu'enfin ce n'est pas aimer sa mère que de la vouloir à jamais malheureuse et désolée... Tu le vois, mon enfant bien-aimé, c'est grave... ce que je te dis là... Je n'exagère rien... n'est-ce pas? Mais mon Dieu!... Frédérik!... Frédérik!... tu détournes encore les yeux... Mais alors, tu veux donc que ce soit vrai, cet horrible doute que j'avais de ta tendresse?... Et encore, je n'osais l'exprimer que sûre d'avance que tu ne me laisserais pas achever... que tu t'indignerais contre moi d'avoir seulement pu supposer que tu ne m'aimais plus... Et rien... rien... pas un mot qui me rassure... un silence glacial... Toi... toi... autrefois si tendre et toujours pendu à mon cou... Mais, au nom du ciel, qu'as-tu contre moi? que t'ai-je fait? Depuis ce changement qui me tue, ai-je été assez patiente, assez résignée, assez malheureuse!

A cette expression déchirante de la douleur maternelle, Frédérik fut encore sur le point de céder; mais ressentant plus vivement encore la morsure de cette jalousie d'affection, inséparable de toute tendresse, il dit avec amertume :

— Eh bien,... vous devez être rassurée, maintenant que vous avez appelé un étranger à l'aide contre moi, ma mère...

— Mon Dieu! mon Dieu! voilà que tu t'irrites de ce que j'appelle un étranger!... mais, voyons, sois juste. Que veux-tu que je fasse, que je pense, que je devienne,... lorsque je te vois... rester là devant moi... indifférent ou sardonique, après tout ce que je te dis?... Mon Dieu! il est donc vrai... en quelques mois, j'ai perdu toute influence sur toi... tout, jusqu'à l'autorité des larmes et de la prière... Et tu veux que, impuissante à te sauver, je ne crie pas au secours,... que je n'appelle pas quelqu'un à l'aide?... Mais... malheureux enfant... tu n'as donc plus la conscience du bien ou du mal!... rien de bon, de généreux ne vibre donc plus en toi!! Voilà donc ma dernière espérance évanouie! il ne me reste donc plus qu'à envisager une réalité terrible! Car enfin... puisque tu m'y forces... — ajouta Marie, pâle, éperdue, et d'une voix d'abord si altérée, si basse, qu'on l'entendait à peine, — puisque tu m'y forces... il faut bien te la rappeler... cette horrible scène, dont le souvenir à cette heure, me glace encore d'épouvante... L'autre soir... dans cette forêt... enfin... dans... cette forêt... tu as... tu as... voulu... enfin... tu as voulu tuer... lâchement tuer... Oh! mon Dieu!... mon fils... mon fils... un *assassin !*

Cette dernière parole fut accentuée avec un si effrayant désespoir, accompagné d'une explosion de sanglots si déchirants, que Frédérik pâlit et frissonna de tout son corps.

A ce cri accusateur sortant de la bouche d'une mère: Assassin !... à ce mot terrible, vengeur, dont il s'entendait poursuivi pour la première fois, Frédérik eut conscience de la grandeur du crime qu'il avait voulu commettre.

La lumière se fit soudain dans ce malheureux esprit depuis si longtemps obscurci par les noires et enivrantes vapeurs de l'envie, de la haine et de la vengeance exaltées jusqu'à leur dernière puissance par la jalousie... Car les louanges données par Marie Bastien au jeune marquis de Pont-Brillant avaient exaspéré les ressentiments de Frédérik.

Oui, la lumière se fit dans l'esprit de cet infortuné... triste lumière, hélas! qui ne lui montra que la profondeur de ses maux incurables... triste lumière à laquelle l'adolescent se reconnut... se vit *assassin*, sinon par l'accomplissement, du moins par la pensée du crime...

— Je le sens, mes jours sont à jamais empoisonnés par l'envie,—pensa-t-il.—Aux yeux de ma mère... je suis... je serai toujours un lâche qui a voulu se venger par un assassinat... Dans sa pitié, elle feint encore de m'aimer... mais elle ne peut avoir pour moi que de l'horreur.

Marie, remarquant le morne silence de son fils, son accablement mêlé d'effroi, l'expression de désespérance écrasante qui remplaçait son sourire contraint et sardonique, se demandait, dans une anxiété croissante, si la réaction de cette scène cruelle serait pour Frédérik funeste ou salutaire.

A ce moment, Marguerite entra, et dit à sa maîtresse :

— Madame, M. le docteur vient d'arriver avec un autre monsieur ; ils désirent vous parler... Les voici.

— Frédérik, — s'écria la jeune femme, en se hâtant d'essuyer les larmes dont ses joues étaient baignées, — mon enfant,... c'est ton nouveau précepteur, M. David... Je t'en supplie...

Marie ne put achever, car le docteur Dufour entrait, accompagné de Henri David.

Celui-ci salua profondément madame Bastien, et, en se relevant, il aperçut des traces de larmes récentes sur la figure de la jeune femme ; il remarqua aussi la pâleur livide de Frédérik, qui le regardait d'un air défiant et sombre.

Le nouveau précepteur aurait tout deviné, lors même qu'un regard suppliant de madame Bastien ne fût pas venu l'éclairer sur la scène qui avait dû se passer entre la mère et le fils.

— Madame... — dit M. Dufour, désirant venir en aide à la jeune femme, — j'ai l'honneur de vous présenter... mon ami... M. Henri David.

Madame Bastien était si brisée par l'émotion, qu'elle ne put que se soulever de son siége, où elle retomba, après avoir salué David, qui lui dit :

— Je tâcherai, madame... de me rendre digne de la confiance... que vous voulez bien avoir en moi...

— Mon fils... — dit madame Bastien à Frédérik, d'une voix qu'elle tâcha de rendre ferme et assurée, — j'espère que vous répondrez aux soins de M. David, qui veut bien se charger de la direction de vos études...

— Monsieur, — dit Frédérik en regardant David en face, — vous entrez ici malgré moi... vous en sortirez... à cause de moi.

— Oh!... mon Dieu... — murmura madame Bastien avec un sanglot déchirant.

Et écrasée de confusion, de douleur, ne trouvant pas une parole, elle n'osait pas même lever les yeux sur Henri David.

Celui-ci, jetant sur Frédérik un regard rempli de mansuétude, lui répondit avec un accent d'angélique bonté et d'irrésistible conviction :

— Pauvre enfant... vous regretterez ces paroles... lorsque vous commencerez à m'aimer !

Frédérik sourit d'un air sardonique et sortit violemment.

— Docteur... je vous en conjure... ne le laissez pas seul... — s'écria la jeune mère en étendant vers le médecin ses mains suppliantes.

Elle n'avait pas achevé ces mots que M. Dufour, lui faisant un signe d'intelligence, suivait les pas de Frédérik.

IX

Resté seul avec madame Bastien, David garda quelques moments le silence, comme pour se recueillir, puis il dit à la jeune femme d'une voix pénétrée :

— Madame, veuillez voir en moi un médecin qui se voue à une cure peut-être très-difficile... mais, nullement désespérée.... J'attends de votre confiance un récit détaillé de tous les événements, des plus puérils aux plus importants, qui ont eu lieu depuis que vous avez remarqué dans le caractère de Frédérik ce changement qui vous désole... Notre ami, le docteur Dufour, m'a déjà donné quelques renseignements ; mais ce que vous pouvez m'apprendre, madame, m'éclairera sans doute davantage.

Ce récit, que Marie fit avec sa sincérité habituelle, touchait à sa fin, lorsque le docteur Dufour rentra.

— Eh bien,... et Frédérik ? — demanda vivement la jeune femme.

— En sortant d'ici, — répondit le médecin,

— il a gagné la futaie... Je l'ai suivi ; il m'a parlé peu, mais avec une douceur mêlée d'abattement ; puis, après plusieurs tours de promenade, il est rentré chez lui ; comme il ne peut en sortir sans être vu de Marguerite, elle viendrait vous prévenir. Du reste, voici bientôt la nuit, aussi faut-il que je retourne à Pont-Brillant. Allons, ma chère madame Bastien... courage... je vous laisse le plus sûr... le meilleur des auxiliaires. — Puis, s'adressant à David : —Adieu, Henri, il n'y aurait pas de justice au ciel si ton dévouement n'était récompensé par le succès ; et il faut qu'elle existe, cette justice, pour que les mères comme madame Bastien finissent par être aussi heureuses qu'elles le méritent...

Restée seule avec David, Marie acheva son

récit; mais lorsqu'elle en vint à l'aveu de la scène de la forêt, elle hésita, pâlit, et son trouble devint si visible, que David lui dit avec intérêt :

— Mon Dieu! madame... qu'avez-vous?... Cette émotion... ces larmes à peine contenues?...

— Ah! monsieur... je serais indigne de votre généreux appui si je vous dissimulais une partie de la vérité... si terrible qu'elle soit!

— Que voulez-vous dire, madame?

— Eh bien, monsieur, — murmura madame Bastien les yeux baissés et comme anéantie par cette effrayante confidence, — Frédérik, saisi d'un accès de fièvre chaude... de délire, que sais-je!... car... il n'avait plus la tête à lui, est allé... le soir...

— Le soir?...

— Dans la forêt... voisine.

Et madame Bastien s'interrompant encore toute frémissante,

David répéta :

— Dans la forêt... voisine?...

— Oui, — reprit madame Bastien d'une voix tremblante, entrecoupée, — oui... dans la forêt... s'embusquer... pour tirer sur M. de Pont-Brillant...

— Un meurtre ! — s'écria David en pâlissant et se levant par un mouvement involontaire, — un meurtre !

— Grâce, monsieur, — dit Marie, en étendant vers David ses mains suppliantes, — grâce pour mon fils, c'était du délire...

— A seize ans !! — murmura David.

— Oh ! ne l'abandonnez pas, — s'écria la jeune femme avec un accent déchirant, car elle craignait que cette révélation ne fît renoncer David à son œuvre généreuse. — Hélas ! monsieur, plus mon malheur est grand, plus il est désespéré, plus il doit vous faire pitié... Oh! encore une fois, je vous en supplie à mains jointes, n'abandonnez pas mon fils... Mon dernier espoir est en vous! que deviendrai-je, que deviendrait-il? et puis, voyez-vous? j'en suis sûre, il n'avait pas la tête à lui... c'était du délire, c'était de la folie!

La première stupeur passée, David resta pensif pendant quelques instants, puis il reprit :

— Rassurez-vous, madame : loin de décourager mon dévouement, les difficultés le stimuleront encore. Mais, ne vous abusez pas... Frédérik... avait toute sa raison... Tôt ou tard, la vengeance devait être la conséquence de sa haine.

—Oh ! mon Dieu... mon Dieu !... non... non, je ne puis croire...

— Croyez... au contraire... madame... que Frédérik a agi avec toute sa raison ; cette conviction, loin de vous alarmer, doit plutôt vous rassurer...

— Me rassurer ?

— Sans doute... Qu'attendre d'un insensé? quels moyens d'action a-t-on sur lui? aucun;... tandis qu'un esprit sain... dans ses plus redoutables emportements, peut encore être accessible à l'influence de certains sentiments.

— Ah ! monsieur... je vous crois... Hélas !

dans le malheur, on s'abandonne à la plus faible espérance...

— Et puis, enfin... madame, la haine de Frédérik a atteint son paroxysme ; et si nous savons toute l'étendue du mal, nous savons aussi qu'il ne peut faire de nouveaux progrès...

— Hélas ! monsieur, quel a pu être le point de départ... le germe de cette horrible pensée?... par quel mystérieux enchaînement Frédérik, autrefois si bon, si généreux, a-t-il été conduit à cette effrayante résolution ?

— Là, madame, est toujours le mystère, et conséquemment le danger; car votre récit des événements passés ne m'a apporté à ce sujet aucune nouvelle lumière... nous voyons des effets dont la cause nous échappe ; mais une fois le motif de la haine de Frédérik connu, ce qui nous semble à cette heure à la fois effrayant et plein de ténèbres, prendra peut-être un autre aspect à nos yeux... C'est donc à pénétrer ce secret que j'appliquerai tous mes soins.

— Hélas! madame, — dit David, — je ne veux ni vous décourager, ni vous donner de fol espoir... j'étudierai... j'observerai... je tenterai...

Puis remarquant l'abattement qui, chez la jeune femme, succédait à un élan d'espérance involontaire, il ajouta d'une voix émue :

— Allons, madame, courage, courage... attendez tout de votre affection pour votre fils et de mon dévouement à l'œuvre que vous me permettez d'entreprendre... Bien des chances sont pour nous, l'âge encore si tendre de Frédérik... ses antécédents... votre sollicitude, ma vigilance de tous les instants... Mon Dieu ! que serait-ce donc si, comme tant d'autres malheureux, il était abandonné sans appui tutélaire à tous les hasards de l'ignorance, de l'isolement et de la misère... ces trois fléaux qui seuls font tant de coupables ?...

Madame Bastien, frémissant à cette pensée, s'écria :

— Ah ! vous avez raison, monsieur, mes larmes, mon désespoir, sont presque un outrage à des malheurs mille fois plus cruels que le mien, car il est des mères qui meurent en laissant leur enfant en proie à ces fléaux, qui, comme vous dites, font seuls tant de coupables.

— Et vous, madame, pleine de courage et d'énergie, vous veillez à chaque instant sur votre fils... et ce fils est rempli d'intelligence et de cœur.

— Oui... il était ainsi...

— Ce qu'il y a en lui de généreux et d'élevé est passagèrement paralysé... soit. Mais lors de la cruelle maladie dont notre ami l'a sauvé, vous avez aussi vu votre enfant pâle, abattu, mourant... Quelques semaines après, cependant, il se relevait plus que jamais brillant de jeunesse, de force et de beauté ; pourquoi cette nouvelle maladie, à la fois morale et physique, n'aurait-elle pas une issue aussi heureuse que la première? Qui vous dit qu'après avoir été éprouvé, épuré par une lutte terrible, Frédérik, un jour, ne justifiera pas... et même ne dépassera pas vos premières espérances?

Il y avait tant de conviction, tant de dévouement dans l'accent de David... on lisait sur sa figure mâle et expressive un intérêt si sincère, si tendre pour Frédérik, une volonté à la fois si réfléchie, si résolue de sauver cet enfant, que madame Bastien sentit de nouveau son cœur se détendre un peu sous l'influence d'un vague espoir.

Alors aussi, dans sa reconnaissance de ce soulagement inattendu, plus que jamais elle admira la générosité de David; et, par un retour involontaire sur la brutale défiance de M. Bastien, la jeune femme se dit avec amertume, que, sans les sentiments de pitié qu'elle et son fils avaient inspirés à un étranger, elle eût été, par l'avarice et l'inintelligence de son mari, dépourvue de tout moyen d'action pour sauver son enfant, puisqu'elle n'aurait pu même le faire voyager, seule chance de guérison qui lui restât.

S'adressant alors à David, avec une profonde émotion :

— Tous les remercîments... que je pourrais vous adresser, monsieur, seraient...

David ne la laissa pas achever.

— Des remercîments... Vous ne m'en devez pas, madame... notre ami vous a lu ma lettre. Je vous dirai donc encore que, dans l'œuvre que je vais tâcher d'accomplir... je trouve à la fois une distraction à de cruels chagrins et une sorte de pieux hommage rendu à la mémoire d'un frère... pauvre enfant... toujours regretté...

— Je n'insisterai pas, monsieur... D'ailleurs, mes paroles vous peindraient mal ce que je ressens... Un mot seulement sur une question qu'il m'est pénible d'aborder, — ajouta madame Bastien en baissant les yeux et en rougissant. — Je vous demande pardon d'avance de l'existence modeste... presque pauvre que vous trouverez ici, et je...

— Permettez-moi de vous interrompre, madame, — reprit David en souriant, — j'ai beaucoup voyagé... Souvent ces voyages se sont accomplis dans des circonstances difficiles... et rudes... j'ai donc été un peu marin et un peu soldat, c'est vous dire la simplicité de mes habitudes.

— Ce n'est pas tout, monsieur, — reprit madame Bastien avec un embarras croissant, — presque toujours je vis seule... Les occupations... le genre d'affaires de mon mari le retiennent souvent loin de chez lui... mais quelquefois il revient passer plusieurs jours ici... et...

— Permettez-moi, madame, de vous interrompre encore une fois, — dit David, touché de l'embarras de madame Bastien, et allant pour ainsi dire au-devant de ce qu'elle hésitait à lui apprendre. — J'ai eu, par notre ami commun, quelques renseignements sur les habitudes de M. Bastien... Vous me trouverez donc, madame, toujours empressé de faire tout au monde pour que ma présence ici ne blesse en rien les habitudes, les idées, les préjugés même de M. Bastien... Je chercherai avant tout à me faire tolérer et à mériter, sinon son affection, du moins son indifférence..., car il me serait pénible... une fois mon œuvre entreprise... peut-être avec succès... de la voir brusquement interrompue... En un mot, madame, comme je ne puis rester ici contre le gré de M. Bastien... rien ne me coûtera pour me faire tolérer par lui, et de ces concessions,... quelles qu'elles soient,... ma dignité n'aura, je vous l'assure, rien à souffrir, vous comprenez pourquoi... n'est-ce pas?

— Oui... oui... monsieur... je le comprends, — dit vivement madame Bastien, soulagée d'un poids cruel.

La délicatesse des procédés de David fit sur Marie une nouvelle et profonde impression ; elle n'en doutait pas, le docteur Dufour avait prévenu son ami de l'habituelle grossièreté de M. Bastien, et l'homme généreux qui se vouait au salut de Frédérik avec un dévouement si désintéressé, se résignait d'avance à des désagréments certains, à des humiliations peut-être, lorsque l'indépendance de sa position, l'élévation de son caractère, le mettaient au-dessus d'une situation subalterne et pénible.

— Ah! monsieur, — dit la jeune femme à David, en attachant sur lui ses grands yeux, où brillaient des pleurs d'attendrissement, — si les belles âmes ont le sentiment du bien qu'elles font... comme vous devez être heureux en ce moment!...

Ces simples paroles, prononcées avec une expression de gratitude ineffable par madame Bastien, pendant que de douces larmes coulaient sur son pâle et adorable visage, touchèrent si profondément David, que ses yeux aussi devinrent humides, son cœur battit violemment, et il garda quelques moments le silence...

Ce silence, Marie le rompit la première en disant : — Maintenant, monsieur David, voulez-vous m'accompagner... afin que je vous fasse connaître la chambre que vous voulez bien accepter ici?

David s'inclina et suivit la jeune femme.

X

La nuit était à peu près venue.

Madame Bastien prit une lumière et, passant dans la petite salle à manger, où Marguerite s'occupait de dresser le couvert pour le modeste repas du soir, elle lui dit :

— Frédérik... est toujours dans sa chambre, n'est-ce pas?

— Oui, madame, sans cela je serais venue vous avertir... mais il n'est pas sorti de la maison, car je l'aurais vu passer par ici.

Madame Bastien conduisit David à l'étage mansardé, pratiqué dans le grenier qui s'étendait au-dessus du rez-de-chaussée.

Cet étage se composait de trois chambres : l'une occupée par Marguerite, l'autre par le charretier, la troisième était destinée au précepteur.

Telle avait été l'inexorable volonté de M. Bastien.

En vain, sa femme lui avait représenté l'inconvenance de loger ainsi un instituteur, ajoutant qu'à peu de frais l'on pouvait disposer en logement décent une sorte de remise abandonnée, faisant suite au rez-de-chaussée: M. Bastien s'était formellement opposé à cette mesure, déclarant de plus que si, en son absence, sa femme passait outre, il le saurait et reviendrait à l'instant procéder lui-même au déménagement du *cracheur de latin*, ainsi qu'il disait, et le renverrait à la mansarde dont il devait se contenter.

Madame Bastien savait son mari capable d'exécuter sa menace; aussi, pour épargner une si pénible avanie au précepteur qu'elle avait choisi, elle dut se résigner à voir cet homme honorable occuper un logement peu en rapport avec l'importance de ses fonctions.

Si la jeune femme avait pris à cœur ce qu'elle considérait déjà comme une injure faite à la dignité du premier précepteur de son fils, que l'on juge de ce qu'elle éprouva, lorsqu'il s'agit de David dont le noble désintéressement méritait tant d'égards.

Ce fut donc avec une pénible confusion que Marie ouvrit la porte de la chambre mansardée dont elle avait tâché de parer de son mieux la triste et froide nudité. Un petit cornet de porcelaine bleue et blanche, placé sur la table de travail en bois noirci, renfermait un bouquet de chrysanthèmes et de roses du Bengale, pâles et dernières fleurs de l'automne; le sol carrelé luisait de propreté, et les blancs rideaux de la mansarde étaient relevés par un nœud de ruban; on reconnaissait enfin, dans les moindres détails de cet aménagement, le désir d'en faire oublier la pauvreté à force de soins, de bonne grâce et de bon vouloir.

— C'est à regret, monsieur... je vous assure... que je suis forcée de vous offrir cette chambre, — dit timidement madame Bastien, — mais... la fâcheuse impossibilité où je suis de mettre à votre disposition un logement plus convenable, sera mon excuse...

David jeta les yeux autour de lui, ne put retenir un léger mouvement de surprise, et, après un silence de quelques instants, il dit à madame Bastien, avec un sourire mélancolique :

— Tout ce que je puis vous répondre, madame, c'est que par un singulier hasard, cette chambre ressemble beaucoup à celle que j'occupais chez mon père... dans ma première jeunesse... et c'est toujours avec plaisir que je me rappelle un passé que tant de doux souvenirs me rendent cher.

David, qui disait vrai, se tut et jeta de nouveau autour de lui un regard attendri.

Rien de moins extraordinaire que cette similitude de deux chambres de garçon, toujours à peu près pareilles dès qu'elles sont mansardées; aussi presque heureuse de ce rapprochement et de la visible émotion qui se lisait sur les traits du précepteur, Marie espéra que, grâce aux souvenirs heureux que cette pauvre demeure semblait rappeler à son nouvel hôte, elle lui paraîtrait plus tolérable.

En descendant des mansardes, madame Bastien et David trouvèrent le repas servi.

— Je crains bien, — dit Marie, — que Frédérik ne refuse de se mettre à table ce soir; excusez-moi, je vous prie, monsieur, je vais aller le trouver.

David s'inclina, madame Bastien courut à la chambre de son fils; il se promenait lentement d'un air rêveur.

— Mon enfant, lui dit-elle, le souper est servi; veux-tu venir?

— Merci, ma mère... je n'ai pas faim... tout à l'heure je me coucherai...

— Tu ne souffres pas ?

— Non, ma mère... mais je me sens fatigué... j'ai surtout besoin de repos...

—Mon enfant... j'espère que tu réfléchiras à ce que tes paroles de tantôt auraient eu de pénible pour M. David, s'il ne ressentait pas déjà pour toi le plus tendre intérêt... et s'il n'était pas certain, comme il te l'a dit, de te faire revenir d'injustes préventions à force de soins, de bonté. Il sera pour toi, non pas un maître... mais un ami... je dirais un frère, sans la disproportion de vos âges... Demain matin, tu le

verras, et tu auras, n'est-ce pas? pour lui...
les égards que commande sa bienveillance
pour toi?

Frédérik ne répondit rien, sa lèvre se contracta légèrement, et il baissa la tête... il semblait depuis l'arrivée de sa mère, éviter ses regards.

Madame Bastien avait une profonde habitude de la physionomie de son fils, elle comprit qu'il était décidé à garder un silence obstiné, elle n'insista pas, et rejoignit David.

Après un souper frugal, madame Bastien alla s'informer de son fils; il paraissait calme. Elle vint retrouver David dans la salle d'étude qui servait de salon.

Au dehors, l'on n'entendait que les sifflements du vent d'automne ; dans la maison, le silence était profond ; le foyer petillait et reflétait ses lueurs sur le carrelage d'un rouge brillant, tandis qu'une lampe à abat-jour jetait une lumière à demi voilée dans l'appartement où Marie était seule avec David.

Celui-ci, voulant distraire la jeune femme de ses pénibles pensées, tout en l'occupant de son fils, la pria de lui faire voir les cahiers d'étude, les traductions de Frédérik, ainsi que plusieurs récits d'imagination, et quelques essais de poésie composés par lui alors qu'il faisait encore l'orgueil et la joie de sa mère.

David espérait trouver au milieu de ces pages écrits par l'adolescent, et auxquelles madame Bastien avait plusieurs fois fait allusion pendant le souper, une pensée, une phrase, un mot, qui contiendrait peut-être le germe des funestes idées dont ce malheureux enfant semblait obsédé.

Marie, penchée et accoudée sur la table, pendant que David, assis, examinait, dans un silence attentif, les travaux de Frédérik, attachait un regard d'une curiosité inquiète sur le précepteur, interrogeant sa physionomie, afin de tâcher de deviner à l'avance s'il était satisfait de ce qu'il lisait alors (un récit composé par Frédérik, sur un sujet donné par sa mère).

D'abord, la jeune femme douta du succès ;

les traits de David restèrent graves, réfléchis ; mais soudain il sourit doucement, et ce sourire fut suivi de plusieurs mouvements de tête vivement approbatifs; deux ou trois fois même il dit à demi-voix :

— Bien... très-bien...

Puis soudain il parut mécontent, froissa légèrement d'une main impatiente un des feuillets du manuscrit, ses traits redevinrent impassibles, et il poursuivit sa lecture.

La figure de Marie reflétait pour ainsi dire chacune des nuances de la physionomie de David, qu'elle ne quittait pas des yeux. Souriante, orgueilleuse, lorsqu'il souriait de contentement; triste, inquiète, lorsqu'il ne semblait pas satisfait.

Mais bientôt et pour la première fois depuis un long temps, l'heureuse mère, oubliant un moment ses chagrins, n'eut plus qu'à se réjouir du triomphe de Frédérik : les marques d'approbation de David redevinrent fréquentes ; intéressé, entraîné par ce qu'il lisait, il semblait ressentir un contentement tout personnel, et plusieurs fois il dit d'une voix attendrie :

— Cher enfant... c'est généreux... c'est élevé... plein d'élan et de cœur... Et cela encore... Oh ! du cœur, toujours du cœur...

En disant ces derniers mots, David porta sa

main à ses yeux légèrement humides, et continua sa lecture sans plus songer à la présence de madame Bastien.

Marie n'avait perdu ni un mot, ni une inflexion de voix, ni un geste. Elle ressentit le contre-coup de la douce émotion qui se peignit alors sur le mâle et expressif visage de David.

Alors seulement, se rendant compte des traits de son hôte, qu'elle avait jusqu'alors vu, pour ainsi dire, *sans le regarder*, Marie le trouva, sinon régulièrement beau, du moins d'une physionomie attrayante, affectueuse et résolue; elle fut surtout frappée de l'expression douce, pensive et pénétrante de ses grands yeux bruns. Elle ne pouvait isoler son fils d'aucune de ses pensées, de ses remarques. Ainsi, observant que, comme Frédérik, David avait des mains charmantes, parfaitement soignées, et qu'il était mis avec une élégante simplicité, elle se félicita doublement d'avoir habitué son fils à ces soins personnels, que tant de gens dédaignent comme puérils ou affectés, et qu'elle regardait au contraire comme une conséquence de la dignité naturelle et du respect de soi. Ces réflexions de Marie, quoique longues à décrire, furent pour ainsi dire instantanées chez elle, et faites tout en continuant d'épier d'un regard attentif les moindres mouvements de la physionomie de son hôte qui, de plus en plus intéressé par la lecture de l'écrit de Frédérik, s'écria soudain :

— Non... non, il est impossible que celui

qui a écrit ces lignes, d'une élévation, je dirais presque naïve... tant elle semble naturelle et familière à son esprit, n'écoute pas, tôt ou tard, la voix de la raison et du cœur... Et ces pages, madame, ont-elles été écrites longtemps avant l'époque où vous avez observé les premiers changements dans le caractère de Frédérik ?

Madame Bastien se recueillit un instant et répondit :

— Autant que je puis me le rappeler, ceci doit avoir été écrit avant une excursion que nous avons faite au château de Pont-Brillant vers la fin de juin... Et ce n'est que dans les premiers jours du mois d'août que Frédérik a commencé à me donner des inquiétudes à ce sujet.

Après un moment de réflexion, David reprit :

— Et depuis que vous avez observé un changement si notable dans le caractère de Frédérik... a-t-il écrit quelque chose... d'imagination ? cela pourrait nous aider... car dans ces lignes sa pensée secrète s'est peut-être trahie à son insu.

—Votre remarque est très-juste, monsieur, — reprit madame Bastien, frappée d'un souvenir soudain, et prenant un des cahiers de son fils, qu'elle montra à David, elle lui dit :

— Plusieurs feuillets manquent à cet endroit, ainsi que vous le voyez... J'ai demandé la cause de cette lacération à Frédérik ; il m'a répondu que, mécontent de ce qu'il venait d'écrire, il n'avait pas voulu me le laisser lire... Cela se passait alors qu'il commençait à m'inquiéter sérieusement...

— Et parmi les pages qui restent, vous n'avez, madame, remarqué rien de significatif ?

— Ainsi que vous allez le voir, monsieur... Depuis cette époque Frédérik n'a presque rien écrit, son aversion de tout travail devenait de plus en plus profonde... En vain... ainsi que j'avais coutume de le faire, je lui indiquais plusieurs sujets, soit historiques, soit de pure invention... il essayait d'écrire quelques lignes... puis, saisi d'un accablement invincible... il laissait tomber sa plume, cachait son visage entre ses mains... et demeurait ainsi... des heures entières... sourd à toutes mes questions... à toutes mes prières.

Pendant que madame Bastien parlait ainsi, David avait attentivement parcouru les fragments de récits qu'elle venait de lui communiquer.

— Cela est étrange, — dit-il, — au bout de quelques instants, dans ces lignes incohérentes écrites comme au hasard, tout sentiment... toute élévation ont disparu... le style même se ressent de cette funeste disposition ; on dirait qu'un voile s'est étendu sur l'esprit de ce malheureux enfant... la lassitude... l'ennui... que lui causait sans doute le travail, se révèle à chaque instant... Mais voici quelques mots qui semblent effacés avec soin... — ajouta David en tâchant de déchiffrer ce que cachaient les ratures.

Marie se rapprocha de son hôte, voulant l'aider de connaissance qu'elle avait de la l'écriture de son fils, et, toujours debout, elle se pencha sur la table, une main appuyée sur le dossier de la chaise de David, afin de mieux voir les lignes raturées. Dans ce mouvement si naturel, David sentit son bras effleuré par la rondeur élastique du bras charmant de madame Bastien.

Cette pression volontaire fut si légère, si instantanée, que Marie ne s'en aperçut même pas. David éprouva un frisson soudain, électrique : mais, doué d'une grande puissance sur lui-même, il resta impassible, quoiqu'il songeât pour la première fois, depuis l'accomplissement de sa généreuse résolution, que la femme avec laquelle il devait désormais vivre d'une vie commune, intime, solitaire, était jeune, d'une beauté adorable, qu'elle réunissait les plus admirables qualités du cœur, et était enfin cette *vierge mère* dont le docteur Dufour lui avait raconté la vie si vaillante et si résignée...

Bien que rapide, profonde et remplie d'une certaine angoisse, cette impression ne se trahit en rien chez David, et, avec l'aide de Marie, il continua de déchiffrer les mots soigneusement raturés par Frédérik.

Après une étude patiente, la jeune femme et son hôte parvinrent à déchiffrer, en différents endroits du manuscrit, plusieurs mots qui ne se rattachaient en rien aux phrases dont ils étaient suivis ou précédés... Évidemment, ils avaient été tracés presque involontairement, et sous l'influence des pensées dont l'adolescent était obsédé. Ainsi, on lisait sur un feuillet ce lambeau de phrase :

... Pour les créatures destinées à ramper toujours dans une humiliante obscurité, c'est de ne pouvoir... et... arracher...

Deux ou trois mots du commencement et la

fin de la phrase étaient absolument indéchiffrables.

Plus loin, sur une page, on voyait ces deux seuls mots légèrement biffés comme s'ils eussent été suffisamment défendus contre toute interprétation par leur laconisme :

— *Pourquoi ?*

— *De quel droit ?*

Enfin, cette phrase la moins incomplète, avait été non moins péniblement déchiffrée par David et par la jeune femme :

... de toi... grande et sainte révolution... les

faibles..., sont devenus les forts; la vengeance tardive est arrivée... alors... terrible... mais... beau dans sa...

Au moment où David répétait une seconde fois et lentement ces mots comme pour chercher à deviner leur secrète signification, minuit sonna.

— Minuit, — dit madame Bastien, avec surprise, — déjà minuit ?

David, craignant d'être indiscret, se leva, prit le cahier, et dit à la jeune femme :

— Permettez-moi, madame, d'emporter ces pages... Ce que nous venons de déchiffrer est bien vague, bien incomplet... il n'importe; souvent on est mis sur la voie de la vérité, par la trace la plus imperceptible... je vais méditer sur tout ceci, et peut-être y trouverai-je un germe que mes entretiens avec Frédérik développeront plus tard.

— A demain donc, monsieur David, — dit tristement Marie, en sentant de nouveau le poids des appréhensions dont elle avait été distraite pendant la soirée, sans cesser pour cela de s'occuper de Frédérik. — J'accepte toutes les espérances que vous m'avez données, j'en ai tant besoin... demain sera pour nous un jour de grande épreuve, car c'est demain qu'aura lieu votre premier entretien avec mon fils.

— Dans cet entretien, je me guiderai sur

l'inspiration du moment, sur la disposition d'esprit de Frédérik... peut-être aussi d'après le résultat de mes réflexions de cette nuit, au sujet de ces quelques lignes.

— A demain donc, monsieur David.

— A demain, madame.

Quelques instants après, pensif et rêveur, David se renfermait dans sa petite chambre, située au-dessus de celle de la jeune femme.

XI

Dès que le remords du crime qu'il avait voulu commettre eut, à la voix de sa mère, pénétré dans l'âme de Frédérik, il fut obsédé sans relâche par ce remords. Quoiqu'il eût assez conscience de l'horreur de sa tentitave homicide, pour être incapable de la récidiver, il était loin d'être guéri de sa haineuse envie. Ces ressentiments, n'ayant plus d'issue au dehors par l'excitation, par l'espoir de la vengeance, n'en devenaient que plus âcres, que plus corrosifs, en stagnant désormais au fond de ce cœur qu'ils rongeaient lentement.

Aussi, après la première nuit qui suivit l'arrivée de David à la ferme, nuit passée tout entière dans une méditation désespérante et désespérée, Frédérik avait subi une nouvelle transformation qui devait déconcerter la sagacité de sa mère et la pénétration de David.

Tous deux furent frappés d'un changement qui se manifestait jusque dans la physionomie de l'adolescent : elle n'était plus sardonique, altière et farouche; elle était confuse, abattue; son regard ne défiait plus le regard par sa sauvage audace; toujours morne, abaissé, il semblait au contraire fuir tous les yeux.

Madame Bastien et David s'attendaient à une nouvelle explosion de violence, lors de la seconde entrevue de Frédérik avec son nouveau précepteur... il n'en fut rien.

L'adolescent se montra humble et docile, mais toutes les avances cordiales, toutes les familiarités affectueuses de David échouèrent devant la muette concentration de ce malheureux enfant...

David essaya de l'interroger sur ses études, il répondit tantôt avec précision, tantôt d'une manière diffuse et involontairement préoccupée; mais, à toutes les questions, à toutes les insinuations faites en dehors de ses travaux, il resta silencieux, impassible.

Marie proposa une promenade avec David, Frédérik accepta.

Durant cette longue excursion, le nouveau précepteur, dont les connaissances étaient aussi nombreuses que variées, tâcha de s'emparer de l'attention de Frédérik, par des observations remplies d'intérêt et de grandeur sur plusieurs phénomènes de la nature: tantôt un silex, un morceau de roche servaient de point de départ aux considérations les plus curieuses sur les différents âges du globe, et sur la transformation successive de ses habitants; tantôt l'admirable régularité géométrique du travail d'un insecte, ses mœurs, ses instincts, devenaient le sujet d'une conservation des plus attrayantes ; tantôt enfin, à propos d'une ruine très-ancienne, située dans les environs de la ferme, David racontait à Frédérik quelques faits relatifs aux habitudes guerrières et aventureuses du moyen âge, ou lui citait quelques légendes d'une naïveté charmante... L'adolescent écoutait poliment, répondait par monosyllabes, mais conservait son masque glacé...

Au retour de la promenade, Frédérik prit un livre, lut jusqu'au dîner, et, peu de temps après le repas, demanda à sa mère la permission de se retirer.

Restés seuls, David et Marie échangèrent un

regard d'une tristesse profonde; ils comprenaient le néant de cette première journée.

— Rien n'a pu vibrer en lui,—dit David en réfléchissant,—rien. Il m'a été impossible de le captiver un instant, afin de l'attirer peu à peu, à son insu, dans la sphère d'idées où je voulais le conduire.

— Tandis qu'autrefois, monsieur David, vous l'eussiez vu ravi, émerveillé, charmé de ces notions si diverses que vous rendez si attrayantes...

— Ne trouvez-vous pas, madame, que depuis hier il s'est accompli en lui je ne sais quelle révolution qui a fait soudain disparaître, si cela se peut dire, les aspérités de son caractère?

— Comme vous, monsieur David, j'ai fait cette remarque.

— Et ce changement, je suis presque tenté de le regretter, — ajouta David d'un air pensif. — Si aiguës, si tranchantes que soient des aspérités, elles offrent du moins... quelque prise... Mais, que faire devant une surface polie et froide comme la glace?... Il n'importe, — poursuivit-il après réflexion. — Il faudra trouver un moyen d'action...

— Et ce changement si soudain, monsieur David, qu'en pensez-vous?

— Est-ce le calme qui suit l'apaisement de la tempête, ou bien est-ce le calme trompeur qui souvent précède un nouvel orage? Nous le saurons plus tard... Il se peut aussi que mon arrivée ait opéré ce revirement chez Frédérik.

— Comment cela, monsieur David ?

— Peut-être sent-il que notre double surveillance doit lui rendre impossible toute nouvelle tentative de vengeance... peut-être encore craint-il que ma pénétration, jointe à la vôtre, madame, ne surprenne son secret; alors il redouble de contrainte et de réserve. C'est à nous, madame, de redoubler d'attention.

— Et dans les cahiers qu'hier soir vous avez emportés?

— Après avoir longtemps médité sur les lambeaux de phrases que vous savez, madame, j'ai cru, si faible, si incertain qu'il fût, trouver un indice...

— Et cet indice? — dit vivement madame Bastien.

— Permettez-moi de ne vous rien dire de plus... madame, avant que j'aie pénétré plus avant dans la voie, bien obscure encore, que semble m'ouvrir cet indice... Si mon pressentiment ne me trompe pas, et me conduit à la découverte de quelques faits significatifs, je pourrai vous bien préciser ma pensée; si elle est juste... son évidence vous frappera, et, fort de nos deux convictions, j'agirai alors avec bien plus d'assurance. Mon Dieu, madame, — ajouta David en souriant tristement, — mille fois pardon de cette réticence, mais c'est une tâche si difficile, si délicate que la nôtre, qu'un rien peut tout compromettre ou tout sauver. Encore une fois, pardon.

— Vous me demandez pardon, monsieur David, lorsque votre réserve même est une nouvelle preuve de votre généreuse sollicitude pour mon plus cher... hélas! pour mon unique intérêt sur cette terre!

. . . .

Le soir du jour où madame Bastien avait eu cet entretien avec David, Marguerite vint donner ses soins à la jeune femme à l'heure de son coucher, et lui dit :

— Mon Dieu, madame, je vous ai vue si occupée avec M. David depuis votre retour de la promenade, et ce soir aussi, que je n'ai pas voulu vous déranger pour vous dire une chose pourtant bien extraordinaire.

— De quoi s'agit-il donc?

— Vous étiez sortie avec M. Frédérik et M. David depuis une heure, madame, lorsque j'entends un grand bruit à la porte de la cour... je vais voir... c'était une superbe voiture à quatre chevaux... Et qui était dans cette voiture, madame? je vous le donne en cent... madame la marquise de Pont-Brillant qui demandait à vous parler...

— A moi! — s'écria Marie en pâlissant, craignant que la tentative de Frédérik n'eût été découverte; — c'est impossible... vous vous trompez, Marguerite... je ne connais pas madame de Pont-Brillant...

— C'est pourtant bien vous, madame, que cette chère bonne petite vieille dame a demandée; même elle m'a dit, en parlant tout aussi simplement que nous autres : « Je suis
« joliment fâchée de ne pas la rencontrer, ma-
« dame Bastien. Je m'en venais pour comme
« qui dirait voisiner un peu, car on est voisin,
« c'est pour se voir; enfin c'est égal... ça se
« retrouvera, et tu lui diras, n'est-ce pas, ma

« fille, à cette chère madame Bastien que je
« reviendrai... un de ces jours... Faut pas sur-
« tout qu'elle se donne la peine de me rendre
« ma visite au château... ça la dérangerait,
« cette chère dame, et je ne veux pas de ça du
« tout... mais moi je reviendrai souvent ici
« avec mon bâton de vieillesse... »

— Qu'est-ce que cela signifie?... — se dit
à elle-même madame Bastien, confondue de
cet incident, et ne sachant à quoi attribuer
cette inconcevable visite.

Marguerite, croyant que sa maîtresse cherchait la signification de ces mots : « Je reviendrai
souvent *avec mon bâton de vieillesse,* » ajouta :
— Madame la marquise voulait dire par là,

madame, qu'elle reviendrait souvent vous voir avec son petit-fils, M. le marquis...

— Elle a dit cela... — s'écria Marie, tremblant à la seule pensée d'une rencontre entre Frédérik et Raoul de Pont-Brillant, — elle vous a dit qu'elle reviendrait... avec ?

— Avec M. le marquis, ou, madame, et même cette bonne chère dame a ajouté : — « C'est qu'il est joliment gentil, va, ma fille, « mon bâton de vieillesse... autrement dit mon « petit-fils, et généreux comme un roi. Allons, « puisque j'ai le guignon de ne pas rencontrer « madame Bastien, faut bien m'en aller. Mais, « dis donc, ma fille, — a ajouté madame la mar- « quise, — j'ai soif à étrangler. Est-ce que tu « ne pourrais pas me donner un bon verre d'eau

« claire? » — Certainement, madame la marquise, que je réponds toute honteuse de ce qu'une si grande dame avait la bonté de me demander un verre d'eau ; mais je me dis en moi-même : pour sûr, madame la marquise a demandé de l'eau par politesse, je vas lui rendre sa politesse en lui donnant du vin ; j'accours dans ma cuisine, je verse un plein grand verre de vin, je le mets sur une assiette bien propre et je reviens à la voiture.

— Vous auriez dû, Marguerite, donner tout simplement à madame de Pont-Brillant, le verre d'eau qu'elle vous demandait ; enfin, il n'importe...

— Pardon, madame, j'ai eu bien raison de

donner du vin, au contraire, puisque madame la marquise l'a pris.

— Ce grand verre de vin?

— Oui, madame, pas plus fière que ça... c'est-à-dire, elle n'a fait qu'y tremper ses lèvres; mais elle a fait boire tout le reste à une autre vieille dame qui était avec elle, et qui n'aimait peut-être pas le vin, car elle a fait la grimace après avoir bu; alors madame la marquise a ajouté : « Tu diras, ma fille, à cette chère ma-
« dame Bastien, que nous avons bu à sa santé
« et à ses beaux yeux, » — et en même temps, tout en me rendant le verre, elle a mis dedans, devinez quoi, madame?... ces cinq belles pièces d'or que voilà, en me disant : « Voilà
« pour les gens de madame Bastien, à condi-

« tion qu'ils boiront à la santé de mon petit-
« fils, le marquis de Pont-Brillant. Au revoir,
« ma fille, » — et la belle voiture est repartie.

— Je suis désolée, Marguerite, que vous n'ayez pas eu la délicatesse de refuser l'argent qu'on vous a donné.

— Mais, madame, cinq louis d'or!

— C'est justement parce que cette somme est importante, qu'il m'est très-pénible que vous l'ayez acceptée...

— Dame... moi... je ne savais pas, madame; c'est la première fois que ça m'arrive, et si madame veut... je reporterai les cinq pièces d'or au château.

— Ce serait pis encore... mais je vous prie, Marguerite, si vous avez quelque attachement pour moi, de porter ces cent francs au tronc des pauvres de la paroisse...

— Demain ce sera fait, madame, — dit bravement Marguerite, — ces cinq pièces d'or me brûleraient les doigts, maintenant que vous m'avez dit que j'ai eu tort de les recevoir.

— Merci, Marguerite, merci, je sais que vous êtes une bonne et digne femme... Mais un mot encore : mon fils sait-il que madame de Pont-Brillant est venue ici?

— Non, madame, car je ne le lui ai pas dit, et j'étais seule à la maison lorsque la voiture est venue.

— Marguerite, il est important que mon fils ne soit pas instruit de cette visite...

— Bien, madame.... je n'en soufflerai pas mot.

— Enfin, si madame de Pont-Brillant revenait ici, que j'y sois ou non, vous direz toujours que je suis absente.

— Comment, madame, refuser de recevoir une si grande dame?

— Ma bonne Marguerite, je ne suis pas une grande dame... et je ne désire d'autre société que celle des personnes de ma condition... Il est donc bien entendu que je ne serai jamais chez moi, si madame de Pont-Brillant revient, et que mon fils doit absolument ignorer la visite d'aujourd'hui.

— C'est convenu, madame... fiez-vous à moi.

Marie Bastien cherchait en vain à deviner le but de cette visite, incident dont elle s'étonnait d'autant plus, qu'elle avait toujours présente à la pensée, la haine de Frédérik contre le marquis de Pont-Brillant.

Le lendemain matin, Marie fit part de cette circonstance à David; il remarqua deux choses qui avaient aussi frappé madame Bastien, quoique sous un autre point de vue.

— Voici ce que je crois, madame, — dit David. — La demande du verre d'eau n'était qu'un prétexte de faire une largesse qui serait d'une prodigalité folle, si elle ne cachait quelque arrière-pensée. Aussi... madame de Pont-Brillant s'est-elle résignée à boire ou à faire boire le verre de vin par sa compagne, sans doute pour ne pas humilier Marguerite, délicatesse qui me paraît singulière chez une femme comme madame de Pont-Brillant, qui voulait d'ailleurs ne pas perdre l'occasion d'une excessive libéralité au nom de son petit-fils. Puis, enfin, madame de Pont-Brillant promet de revenir souvent... ici, madame... mais...

— Elle ne veut pas *me déranger*, et me prie de ne pas lui rendre sa visite au château... J'avais remarqué cette humiliante distinction, monsieur David, et lors même que j'aurais eu la moindre intention de répondre aux avances de madame de Pont-Brillant, ce procédé blessant m'eût obligée de lui fermer ma porte à l'avenir... Mais loin d'avoir la triste vanité d'être flattée de sa démarche, je n'en ressens au contraire que de l'inquiétude, de la crainte même... en pensant que si madame de Pont-Brillant revenait ici avec son petit-fils... Frédérik... pourrait se trouver face à face avec l'objet de sa haine... Ah! monsieur David... mon cœur se glace à cette pensée... car je me rappelle la terrible scène de la forêt.

— Cette visite me semble, comme à vous, madame, d'autant plus étrange, que les circonstances dont elle a été accompagnée sont fort suspectes... Notre ami, le docteur Dufour, m'a parlé de la douairière de Pont-Brillant comme d'une femme qui, malgré son grand âge, a conservé le cynisme et la dépravation de l'époque où elle a vécu dans sa jeunesse. Votre éloignement de la douairière est donc doublement justifié, madame; seulement, en rapprochant ces avances, si blessantes qu'elles soient, de la haine de Frédérik contre Raoul de Pont-Brillant, il est du moins évident que celui-ci ne connaît pas votre fils. Sans cela comment consentirait-il à accompagner ici sa grand'-mère?

— C'est ce que je me suis dit, monsieur David. Ah! le vertige me prend lorsque je veux pénétrer ce triste mystère. . . . . . .

. . . .

. . . .

Deux ou trois jours se passèrent encore en tentatives impuissantes de la part du précepteur et de Marie.

Frédérik resta impénétrable.

David alla jusqu'aux moyens les plus héroïques, il lui parla de Raoul de Pont-Brillant... L'adolescent pâlit légèrement, baissa la tête... resta muet et impassible.

— Il a du moins renoncé à sa vengeance, pensa David, qui avait attentivement étudié la physionomie de Frédérik... — La haine subsiste peut-être encore... mais du moins elle sera passive...

Cette conviction, partagée par Marie, la

tranquillisa du moins sur la possibilité d'une récidive qui la glaçait d'épouvante.

. . . .

L'état de Frédérik semblait empirer chaque jour.

Ce malheureux n'était plus que l'ombre de lui-même : opiniâtre, absolu dans le bien comme dans le mal... il ressentait aussi violemment le remords de sa funeste action, qu'il avait ressenti l'ardeur de la vengeance... et puis, sans cesse, il était sous le poids de cette accablante pensée :

— « Quelle comparaison ma mère fera-t-elle

« toujours entre moi, qui ai voulu être un lâ-
« che meurtrier... et ce *noble marquis*, dont
« elle m'a parlé avec tant de louanges!... Et
« pourtant si elle savait... Oh!... malheur à
« moi, malheur à moi!... plus que jamais, je
« hais ce Pont-Brillant, et le remords m'a
« désarmé » . . . .

. . . .

Un jour David dit à Marie :

— Frédérik, tout en acceptant gaiement la modeste existence qu'il trouvait chez vous, madame, ne vous a-t-il jamais paru désirer le luxe, la richesse, ou regretter de ne pas les posséder ?

— Jamais, monsieur David ; il n'est pour

ainsi dire pas une pensée de mon fils qui ne me soit présente à la mémoire... car, depuis ces malheureux temps, je passe ma vie à interroger le passé... Non, jamais je n'ai entendu Frédérik désirer quelque chose au delà de notre vie simple et presque pauvre... Que de fois il m'a dit, avec tendresse :

— « Mère, est-il un sort plus heureux que
« le nôtre?... Quel bonheur de vivre avec toi,
« dans notre petit monde paisible et solitaire ! »

La pauvre Marie ne put achever... ce ressouvenir d'un passé radieux la brisait.

. . . .

David cependant, loin de se décourager,

poursuivait sa pensée avec cette persévérante lenteur, avec cette observation minutieuse et profonde, à l'aide desquelles les savants reconstruisent souvent un monde, une époque, un être, grâce à quelques fragments, à quelques débris insignifiants.

— Croyez-vous Frédérik *ambitieux?* — dit une autre fois David à Marie. — Dans ses épanchements avec vous... lorsqu'il s'agissait de sa position à venir, quelles étaient ses idées?

Marie sourit tristement et répondit:

— Un jour, je lui disais : — Voyons, mon enfant, lorsque tu seras homme, quelle carrière choisiras-tu? que voudras-tu être? — *Ton fils,* — me répondit-il avec un mélange de tendresse et de grâce, dont vous ne pouvez avoir une idée, monsieur David. — Je te comprends, mon cher enfant; mais enfin il faudra choisir une carrière. — « Passer ma vie à t'aimer, « mère, à te rendre heureuse, je ne vois pas, « je ne veux pas d'autre carrière... » — Mais « enfin, cher fou bien-aimé, il faudra bien « t'occuper! — « M'occuper, et t'embrasser, « et te regarder, et t'écouter, et te dire que je « t'aime, et nous promener, et faire nos aumô- « nes en actions, et voir nos fleurs, et regarder « ensemble le soleil se coucher, ou la lune se « lever au-dessus de nos grands chênes, ne « voilà-t-il pas assez d'occupations? Ah! mère... « mère... les jours seraient longs deux fois « comme ils le sont... que je n'aurais pas seu- « lement une minute à moi... » Voilà, monsieur David, — dit Marie en essuyant de nouveau ses larmes, — voilà quelle était alors l'ambition de mon fils...

— Affectueuse et charmante nature! — dit David, en partageant l'émotion de Marie; puis il reprit :

— Lors de cette visite au château de Pont-Brillant, dont vous m'avez parlé, vous n'avez pas remarqué, madame, que la vue de ces merveilles... ait attristé Frédérik?

— Non, monsieur David... et, sauf l'incident que je vous ai raconté, la grossièreté d'un intendant dont mon fils s'est un instant irrité... cette journée a été pour lui, comme pour nous, aussi gaie qu'intéressante.

— Et depuis, — ajouta lentement David, — et depuis... rien... n'a pu vous donner la pensée... que Frédérik... ait comparé avec une certaine amertume, avec *envie* enfin, votre modeste existence à l'existence somptueuse du jeune marquis?

— Frédérik! — s'écria madame Bastien, en regardant David d'un air de reproche. — Ah! monsieur, mon malheureux enfant... est tombé bien bas; la violence de son caractère l'a emporté jusqu'à la pensée d'un crime... dont nous ignorons la cause... mais lui *envieux*... lui! ah! monsieur David, vous vous trompez. Les bons comme les mauvais jours de sa vie le défendent contre un pareil reproche...

David ne répondit rien et resta pensif.

. . . .

Chaque jour l'intimité de David et de Marie s'augmentait par leur communauté d'intérêts et d'angoisses ; c'était à tout instant, un continuel échange de questions, d'épanchements, de craintes, de projets ou d'espérances, hélas ! bien rares les espérances, ayant toujours Frédérik pour objet.

Henri David et Marie passaient ainsi, dans la solitude du tête-à-tête, les longues soirées d'hiver, car le fils de madame Bastien se retirait à huit heures ; une fois au lit, un sommeil feint lui permettait de se soustraire à la sollicitude dont on l'entourait, et de se plonger pour ainsi dire les yeux fermés dans le noir abîme de ses pensées.

— « Je suis plus misérable encore que par
« le passé, — se disait l'adolescent ; — autre-
« fois les inquiétudes, les questions incessantes
« de ma mère sur mon mal inconnu m'irri-
« taient... à cette heure, elles me navrent et
« augmentent mon désespoir. Je comprends
« tout ce que doit souffrir ma mère ; sa pitié
« ne se rebute pas. Chaque jour m'apporte une
« nouvelle preuve de sa tendre commisération,
« de ses efforts inouïs pour me guérir ; mais,
« hélas! elle pourra pardonner mon crime...
« mais jamais l'oublier... Elle doit ignorer
« toujours, oh! toujours... les circonstances
« qui m'ont poussé à vouloir tuer ce Pont-
« Brillant... Aussi je ne serai plus pour elle
« qu'un triste objet de compassion ; cela doit
« être, car, je le sens, mon mal est incurable...
« puisqu'il résiste à tant de secours.

« Et, ce que je pense de ma mère, je le
« pense aussi de M. David ; j'ai maintenant
« conscience de son dévouement pour moi et
« pour ma mère ; car se dévouer pour moi,
« c'est se dévouer à ma mère... sa sollicitude
« à lui est non moins impuissante. Ah ! le mal
« dont je souffre, ne se guérit pas plus... que
« ne s'efface le remords d'une lâche et horri-
« ble action. »

. . . .

Pendant que ce malheureux enfant, ainsi concentré en lui-même, se repaissait d'une douleur de plus en plus corrosive, David, se croyant sur la voie de la vérité, poursuivait ses investigations, ne voulant tenter une dernière et décisive épreuve sur Frédérik, qu'armé de la toute-puissance d'une conviction inébranlable; aussi multipliait-il ses recherches, les étendant aux sujets les plus insignifiants en apparence, persuadé que Frédérik ayant sans doute une puissante raison de dissimuler à sa mère le fond de sa pensée, se serait peut-être moins contraint avec d'anciens serviteurs. David interrogeait minutieusement la vieille servante et le vieux jardinier; ce fut de la sorte qu'il eut connaissance de quelques faits d'une haute signification pour lui : ainsi entre autres, un mendiant envers qui Frédérik s'était toujours montré secourable, avait dit au jardinier : — « M. Frédérik est bien changé; lui, « autrefois si bon, m'a aujourd'hui durement « répondu : Adressez-vous à M. le marquis ! « *il est si riche, lui!!!* »

. . . .

Madame Bastien voyait ordinairement David plusieurs fois dans la journée.

Un jour il ne parut pas.

A l'heure du repas du soir, Marguerite étant allée prévenir qu'on était servi, David, profondément absorbé, chargea la servante de dire à madame Bastien que, se trouvant un peu indisposé, elle voulût bien l'excuser de ne pas descendre pour dîner.

De son côté, Frédérik, arrivé au terme de son marasme moral, n'avait pas quitté sa chambre.

Marie, pour la première fois depuis l'arrivée de David, passa sa soirée seule.

Cette solitude l'attrista profondément ; elle se sentit involontairement assaillie de noirs pressentiments.

Vers les onze heures elle rentra dans sa chambre ; son fils dormait ou feignait de dormir, Marguerite vint donner ses soins habituels à sa maîtresse ; celle-ci, accablée, silencieuse, venait de revêtir son peignoir de nuit et de dénouer ses longs cheveux, lorsque la vieille servante, qui avait plusieurs fois adressé la parole à Marie sans que celle-ci lui eût prêté grande attention, lui dit, au moment de se retirer :

— Madame, j'ai oublié de vous demander

si André pouvait prendre demain le cheval et la charette pour aller à Pont-Brillant.

— Oui, — répondit Marie avec distraction, tenant dans l'une de ses petites mains, qui pouvait à peine les contenir, ses longs cheveux dénoués, tandis que son autre main promenait machinalement le démêloir d'écaille sur la toile cirée de la toilette, car la jeune femme, les yeux fixes, s'abandonnait à ses douloureuses pensées.

— Vous savez, n'est-ce pas, madame, pourquoi André va à la ville? — reprit Marguerite.

— Non, — répondit Marie, toujours absorbée.

— Mais, madame, — reprit Marguerite, — c'est pour porter les effets de ce monsieur, puisqu'il paraît qu'il s'en va...

— Grand Dieu !... — s'écria madame Bastien en laissant retomber sa masse de cheveux sur ses épaules, et en se retournant brusquement vers sa servante, qu'elle regardait avec stupeur : — Marguerite... que dites-vous ?

— Je dis, madame, qu'il paraît que ce monsieur s'en va...

— Quel monsieur ?

— M. David, le nouveau précepteur de M. Frédérik... et c'est dommage... car il était...

— Il s'en va ?

Reprit madame Bastien, en interrompant Marguerite, d'une voix si altérée et avec une telle expression de surprise et de douleur, que la servante s'écria :

— Mon Dieu ! madame, qu'avez-vous ?

— Voyons, Marguerite, il y a quelque erreur là dedans, — dit Marie en tâchant de se rassurer.

— Comment savez-vous que M. David s'en va ?

— Dame... puisqu'il renvoie ses effets à la ville.

— Qui vous a dit cela ?

— André...

— Comment le sait-il?

— Mon Dieu! madame, c'est bien simple; hier, M. David lui a dit: Mon ami, serait-il possible d'avoir un cheval et une charrette pour envoyer des malles à Pont-Brillant, d'ici à un ou deux jours? André lui a répondu que oui... alors moi, madame, j'ai cru devoir vous prévenir qu'André prenait le cheval demain, voilà tout.

— M. David est découragé, il renonce à une tâche au-dessus de ses forces... L'embarras, le regret qu'il éprouve, m'expliquent son absence pendant toute cette journée... mon fils est perdu...

Telle fut la première, l'unique pensée de Marie.

Alors, éperdue, folle de désespoir, oubliant le désordre de sa toilette, l'heure avancée de la nuit, et, laissant Marguerite stupéfaite, la jeune femme monta chez David, et entra précipitamment dans sa chambre.

FIN DU TOME DEUXIÈME.

OUVRAGES DU MARQUIS DE FOUDRAS.

	Vol. in-8
Les chevaliers du lansquenet............	10
(En collaboration avec Xavier de Montépin.)	
Lilia la Tyrolienne..................	4
Suzanne d'Estouville................	4
Tristan de Beauregard...............	4
La comtesse Alvinzi.................	2
Les gentilshommes chasseurs.........	2
Madame de Miremont...............	2
Lord Algernon.....................	4

SOUS PRESSE :

Jacques de Brancion................	»
Le dernier des Roués...............	»
Un caprice de grande dame..........	»
Un drame en famille................	»
Dames de cœur et Dames de pique....	»
Les viveurs d'autrefois.............	»

(En collaboration avec X. de Montépin).

LA COMTESSE DE SALISBURY

Par Alexandre Dumas.

SIX VOLUMES IN-8.

Les derniers volumes se vendent séparément.

Corbeil, imprimerie de CRÉTÉ.